69%的矛盾还在，但我依然爱你

高冲突伴侣如何重塑亲密关系

柒舟／著

中国妇女出版社

图书在版编目（CIP）数据

69%的矛盾还在，但我依然爱你 / 柒舟著. -- 北京 ：中国妇女出版社，2022.2

ISBN 978-7-5127-2081-7

Ⅰ. ①6… Ⅱ. ①柒… Ⅲ. ①恋爱心理学－青年读物 Ⅳ. ①C913.1-49

中国版本图书馆CIP数据核字(2021)第273911号

69%的矛盾还在，但我依然爱你

作　　者：柒　舟　著
责任编辑：应　莹　张　宇
封面设计：李爱雪
责任印制：李志国
出版发行：中国妇女出版社
地　　址：北京市东城区史家胡同甲24号　　邮政编码：100010
电　　话：（010）65133160（发行部）　　65133161（邮购）
网　　址：www.womenbooks.cn
法律顾问：北京市道可特律师事务所
经　　销：各地新华书店
印　　刷：固安县保利达印务有限公司
开　　本：170×230　1/16
印　　张：12.75
字　　数：120千字
版　　次：2022年2月第1版
印　　次：2022年2月第1次
书　　号：ISBN 978-7-5127-2081-7
定　　价：48.00元

前言

preface

什么是爱情？

没有人能对爱情下一个确切的定义，但是每个人心中都有自己对爱情的定义。

莎士比亚说：“爱情不过是一种疯。”最甜蜜的是爱情，最苦涩的也是爱情。浅尝辄止，却也能尝鼎一脔；爱到疯魔便刻骨铭心。爱源于人类心中最原始的本能，我们生来就具有爱人的能力，但如何爱与被爱却是人类世世代代追寻的答案。

旧与新的交锋：当下的我们真的懂爱吗？

在快速变迁的社会环境中，在物质极大丰富的当今社会里，我们每天都忙于应对这匆匆变化的世界。不再是“车、马、邮件都慢”的时代，我们是否还有耐心去爱一个人？传统爱情观的影响，中西方文化的交融，让“爱情”这个词变得更加难以捉摸。

互联网时代，思想越来越开放，恋爱和婚姻早已不是曾经的模样。有一份针对青年人的调查显示，60% 的受访者坦言恋爱是因为孤独，30% 的受访者表示自己可以快速摆脱失恋带来的痛苦，20% 的受访者表示，恋爱中出现问题就会分手，继而去寻找下一个目标，而只有 5% 的受访者会在第一段恋爱中就抱有结婚的想法。

开始一段感情容易，维持一段长久而美好的感情却需要智慧。在讲究效率的时代，我们追求各种高效产品，结果连爱情都成了“快消品”，寻寻觅觅，却始终无一人可“执子之手，与子偕老”。在不断增加的社会压力之下，各种各样的“情感病”就像一个个隐形的杀手，破坏着我们的恋爱与婚姻。

面对“情感病”，许多人都不愿直视。

很多人认为，个人在恋爱中的习惯、要求都是自己的态度，要捍卫自己的个性。殊不知，这些可能是爱情中的“情感病”：有些人因为孤独而寻找陪伴，一旦恋爱就恨不得每时每刻都黏在一起，一旦分手整个世界都要崩塌；有些人在恋爱中对爱人控制欲极强，认为爱情就是完全占有；还有些人会因为一朵玫瑰与你相爱，也同样会因为一朵玫瑰而离开，爱情只是他生命中的一段经历。这些真的只是习惯吗？一段无果的爱情，真的只是因为没有找到那个合适的他吗？

其实我们真正应该做的是正视自己。在爱情中的我们，可能都有“情感病”。那些看似常见的行为背后，却有着更深层的心理问题。我们为何不发现它、了解它，找到内心深处的渴望与诉求，给自己的爱情做一次诊疗，让自己真正懂得如何去爱人与被爱呢！

2021 年 4 月，“中国超 2 亿人单身”的话题冲上微博热搜，引发了全民热议。其实根据民政部门 2018 年公布的数据，我国单身成年人口已经达到了 2.4 亿。“剩男、剩女”、大龄青年、“空巢”青年、光棍节、父母“花式”催婚……网络上我们越来越普遍地看到这些词语，很多人甚至患上了“爱无能”：他们既害怕爱情中患得患失的感觉，又害怕走入婚姻后会受伤……其实，我们只要知道如何正确处理婚恋中的冲突和矛盾，就能够找到自己幸福婚姻的归宿和方向。美国一位心理学家曾经对 700 对夫妻进行了长达 40 年的追踪分析，最后发现，夫妻之间有 69% 的矛盾和问题会永远存在，但带着这些矛盾，有些人却照样过得很幸福。原因就是他们接纳了矛盾，并且能够在此基础上和伴侣健康互动。

我们这本书的主旨就是帮助读者正视爱情中的问题，针对种种情感乱象给出贴心的答案，希望能够引导读者建立正确的爱情观和积极的婚恋观。爱情，不应该成为我们生活中的稀缺品；婚姻，应该是每个人生命中最幸福的课题之一。不要拒绝爱情，不要害怕婚姻，很多时候，只要我们正面去看待爱情和婚姻，就能够避开婚恋中的种种问题，手牵手幸福地走下去。

目录

contents

第三章　不是不爱，只是太爱

第四章　你的内心，恐惧爱吗

第五章　缺爱也是一种问题

第一章

这些年我们遭遇的情感问题

1. 爱情是一种病

说起来你肯定不相信，爱情是一种病。爱情可能是我们人生中最甜蜜的时刻，也可能是我们最心酸的体会，很多人说它是一剂良药，能治愈我们的孤单，治愈我们的茫然。然而，爱情又怎么会是一种病呢？

之所以说爱情是一种病，是因为它来临的时候，会让人面热、心跳加速，有时候甚至还会耳鸣目眩、呼吸困难。这些特征不正和某些病症相吻合吗？但是爱情这种病比一般的病来得更加迅猛，而且没有任何的征兆。它随时随地都可能会发作，也许是一个飘忽的眼神，也许是一句无意的话，也许是一封没头没尾的短笺，更可能是极短时间的相处。而且爱情一旦发生，彼此间还会传染，传染之后就会加重爱情病的原有症状。

爱情这种病没有解药，人类对这种病暂时还没有任何免疫能力，一旦发生就只能任其肆意扩散，而且心甘情愿等它发病。爱情病会伴随很多生理反应，比如，肾上腺激素增加、瞳孔扩大、心跳加速、汗水增多，它还会给人带来紧张和压抑的心情，就像要面临重大考试或者面试一样。在爱情中陷得越深，就越不能约束自己，会躁动不安，依赖某人，心理异常脆弱，经受不住打击；判断能力、分析能力、逻辑思维能力随之下降，出现短时间的“智力障碍”和精神分裂，臆断、妄想等。

由此可见，爱情真的是一种病，一种具有感染性的心病。它不受时间和空间控制，不被环境的好坏左右，只要有人存在的地方，就会随机产生。当它产生时，感染的方式可能是一对一，也可能是多对多。免疫能力较差的人一不小心就会被传染，通过眼神或触碰。而随着社会发展，它的传播途径越来越多，如微信、短信、微博，传播的地域和空间也在无限地扩张。

有时候我们千方百计地去避免，仍然无法阻止自己得病，而且患上这种病之后也不一定会产生免疫能力。我们总是情不自禁生出其他的情绪——同情、怜悯、关心、赞赏，这些都能慢慢地转变成爱情。很多人得了这种病后不会在短时间内暴发，而是经过沉寂后慢慢呈现出来，这并不是因为“病毒”潜伏在身体里面，而是因为患病的人有比较强大的自控能力。他们一度在思想上控制住了这种病，结果还是暴发了。

其实我们人生中的许多事情都是不受控制的，就像爱情，它如春来冬去一样不是你想控制就可以不发生的——爱情这种病，你越想控制，就越控制不好。即便你能控制自己，也控制不了别人。当别人对你产生了爱情，你无法逃避，也无法躲藏，因为他终有一天会让你知道，他会想方设法地传染给你，当你们同病相怜时，也就正式进入了爱情阶段。

通常情况下，这几类人容易被传染“爱情病”：（1）同情心泛滥的人，倘若有一人得了这种病，你不经意间和他接触，最终也会被无情地感染上；（2）本身就容易“感染”的人，再遇上同样“有病”的人，同病相怜传染得更快；（3）不相信爱情是种病的人，非要以身去试，结果深陷其中，无法自拔。

许多人在爱与被爱的过程中受了伤，他们想了各种办法来抚平伤口，怎奈身上的伤容易好，内心的伤却永远存在。即使伤口结了疤，但在某个动情的时刻又会被撕开，这就是爱情病留下的后遗症。

得过爱情病的人只能任凭时间淡化伤口，痛一次自己抚平一次，可是总有些人拼了命都想得这种病。人与人之间因为陌生，所以勇敢；因为距离，所以美丽。没有得爱情病的人都愿意患上这种病，因为它能驱除孤独和寂寞。可是当两个人走得越来越近时，亲密关系会导致双方都疏于情绪控制，与伴侣相处时脾气变差，这种相处模式最终会演变成彼此之间的伤害，这是病情在加重，也进入了更深的一个阶段。

爱情是一种病。在我们的一生中，爱情病是不可避免的，只是得病的次数可以人为控制。有时候，单身的人想得这种病，得了这种病的人却又想单身。

2. 情感冷漠：我就是无法感动

爱情来得很突然，但最初一定是源于心灵的悸动，而这种悸动很有可能是某种感动。这些感动并不需要对方做出惊天动地的牺牲或者可歌可泣的奉献，有时候可能只是因为一件小事：或许是因为下雨时递过来的一把伞，或许是因为沮丧时看到的笑脸，或许是因为窘迫时伸出的一双手。

感动也是遇见爱情非常重要的一种方式。可是现在的生活节奏加快了，很多人忙于生活、忙于工作，心灵被世间万物填得太满，变得麻木，渐渐不再容易被感动。

前段时间，有一位名叫王雨的姑娘写来了求助信。

王雨已经参加工作几年了，之前的工作很繁忙，经常国内国外出差，起居无时，后来因为身体上的原因，她换了一份稳定的工作。这份工作收入尚可，加上年龄也大了，父母心急起来，都催她赶快找到生命中的另一半。

王雨也有这样的意愿，她以前忙于工作，平时休息总是宅在家里上网玩游戏，网瘾很重，生活圈子也小得可怜，正因为如此，她认识的人不多。亲友们帮着她张罗了不少相亲对象，王雨也积极配合，只是见了不少青年才俊，没有一个合适的。

不合适不是因为性格、兴趣或话题不相投，而是因为王雨在交往的过程中总会对他们持怀疑态度。她说："我不相信别人，我看别人的缺点特别多，有时候想和人说话，却总是无话可聊。有的人对我很殷勤，可我对他没有继续了解的想法。"

不久前，抚养王雨长大的外婆去世了，她妈妈哭得很伤心，可是从小和外婆很亲近的王雨非但没有掉一滴眼泪，甚至连心里的情感也不知道怎么表达，特别茫然地看着那么多人，只觉得麻木、淡然、绝望和无助。别人可以哭着表达伤心，而王雨的内心却空得什么也装不下。她觉得人生就是在等待，等着下一秒发生，没有希望也没有未来，活着或者死了，无非就是一个结果而已。

王雨意识到自己的情感出问题了。的确，这是一种情感冷漠。

情感冷漠最明显的特点是：对外界刺激缺乏相应的情感反应，对亲朋好友的关怀表现冷淡，对周围的人和事物都失去了兴趣；面部表情呆滞、木讷，内心情感无法流动，对外界的事物缺乏体验；或是内心想法丰富，但是无法用恰当的方式表达；不会关心别人，没有同情心，永远是一副“事不关己，高高挂起”的冷漠态度。

这类人内心深处充满了孤寂和凄凉，总是对外界持不信任和不满意的态度，对感人的事件抱有怀疑的态度，甚至拒绝感动。情感冷漠的人通常意识不到这个问题，因为他们只是觉得自己不容易动感情而已，所以大家往往会忽视这个问题。

现实生活中，我们遭遇更多的冷漠也许是“生理冷漠”以及延伸出来的“家庭冷漠”“道德冷漠”“爱情冷漠”……这些可能缘于我们所生活的社会环境、家庭氛围，甚至是遗传基因。

且不说这些，现代人当前的情感冷漠更值得大家关注。因为我们是在互联网和电子产品的包围中成长起来的，可能更容易患上情感冷漠。具体的表现就是上网成瘾，对周围的一切都没有太大的情感波动，对家人和朋友冷漠，因为缺乏正常社交而没有内心体验，同时不善于表达，严重时对一切都漠不关心。

关于如何治疗这种情感冷漠，让人和人之间的情感顺畅地流通，能感受到来自别人的爱意，并且做出积极的回馈和反应，有以下几个方案可以作为参考。

（1）敞开心扉。不要总是局限于自己原有的视野，要敞开心扉去接纳一切人和事，让他们走进自己的心灵，这样才能对对方产生感情。

（2）积极交流。交流不仅能使人克服冷漠，还能攻克人们的一切情感障碍，因为人和人之间的情感是在交流中逐渐加深的。

（3）接触大自然。当你觉得孤独、寂寞的时候，可以到郊外踏青，可以去公园慢跑，可以骑上自行车四处溜达，呼吸新鲜的空气，使心胸开阔，以此来消除心中的苦闷和忧郁。

（4）欣赏艺术。艺术的形式多种多样，无论是音乐、文学还是美术，都蕴含着让人惊叹的魅力，如果你能对这些无生命的东西倾注情感，那么就会对你身边的人萌生爱意。

（5）参加社交活动。我们只有在群体活动中才能慢慢地了解自己，清楚自己的喜好，才能在茫茫人海中找到自己心仪的另一半。

爱情是陪伴与追随，是精神层面的理解构筑而成的依赖感和安全感

3. 感情里的多疑不信任：你真的爱我吗

晓枫和她的男友恋爱了五六年，其实已经可以谈婚论嫁了，可是他们觉得自己还年轻，总是担心婚姻对彼此的束缚太多，所以一直没有领证。一直以来他们的感情都很好，虽说不上如胶似漆，但也算是恩恩爱爱，可是最近他们的感情却出现了问题。

事情是这样的：晓枫是一个优秀的女孩子，家里家外都是一把好手。她的男友因为工作的原因会不定时地出差，有时候会和同组的业务同事一起去。有一次，她的男友和公司新来的小姑娘一起出差。那姑娘刚来不熟悉业务，在单位里总是向晓枫的男友请教，作为回报也经常给他跑腿帮忙，所以领导就让晓枫的男友带着小姑娘出去见识一下。这是公事，却被单位的其他人调侃成一桩风流韵事。因此，晓枫的男友便自觉减少了和那个姑娘的非业务接触，以为能平息这场风波，避免传出闲言碎语。

最终晓枫还是知道了这件事。她大闹一场，即使后来解释清楚了，但是心里面还是留下了一根刺。从此她开始对男友不信任，总觉得男友对她的关心少了，说他在外边“拈花惹草”，为此他们时不时吵架，而且每次吵架就只是情绪的发泄，彼此从没有坦诚地聊一聊。晓枫情绪尤其激动，有几次甚至吵到自己呼吸困难、心律不正常。

而且，晓枫开始对男友严防死守，掐着点给男友打电话，从来不让他在单位久留，下班后必须立刻回家，尽量拒绝一切需要出差的工作。男友偶尔出门和朋友聚会也必须带上她，不能以任何理由将她排除在聚会之外。男友勉强同意了，每天准时回家，彼此相安无事了一段时间。

但是时间长了，矛盾又不断出现。有一次单位集体出游，晓枫不让男友参加，可是自己单位组织游玩的时候，她潇潇洒洒地就走了。男友气不过又和她吵起来：“你可以什么活动都参加，为什么我只能待在家里，只能和你一起待在只有几十平方米的空间里？”晓枫不甘示弱：“不为什么！你一肚子的花花心思，只适合待在家里。”

男友气得砸了电视机，大骂道：“你总是监视我的一举一动，电话、微信、QQ 你都要看，我很不自在。我整天在你眼皮子底下，不和任何人接触，实在受不了。我本来没有想法，可是你的多疑让我对这段感情失望了！”

晓枫也开始歇斯底里：“我就说你外面有人吧。我可跟你说，要分手可以，但是得让我知道她是谁！”

……

想来这样的戏码在不少的人身上发生过，爱情最大的障碍就是多疑。哪怕一段感情里没有其他的波折，你的多疑也可能凭空制造出波折。生活中，男人最怕女人问“你爱我吗？”。同样的一个问题问几千几万遍都不够，同样的答案听几千几万遍还不满足。其实，这就是缺乏安全感的表现。

这样的心理在爱情生活中时不时会出现。担心自己美貌不再后受到嫌弃，担心自己不够优秀配不上对方，担心对方移情别恋，担心对方一朝富贵弃自己而去。他们觉得感情最好的维系不是结婚证，而是将对方绑在自己身边。这种爱情病之所以会发生，是因为想把自己的幸福寄托在他人的身上。这样做，本身就犯了一个错误，自己的幸福怎么能由别人掌控呢？你掌控不了任何人，除了你自己。幸福始终要抓在自己手中。

多疑往往是因为消极的暗示，英国哲学家培根说过：“猜疑之心犹如蝙蝠，它总是在黑暗中起飞。”如果你心中没有阳光，那么多疑症会更加令你陷入困境，让你心智迷乱，混淆敌友，进而破坏自己的感情。

我们都希望一份感情能够天长地久，可是哲学上说世间万物都在运动，不存在没有变化的事物，要求永远不变违背了事物的发展规律。世间万事万物都在变化之中，人心又怎么能做到不变呢？我们又该怎么应对这种变化呢？

（1）以不变应万变。既然我们对爱人的爱能够保持不变，那么也应当相信他对自己的爱也不会变。

（2）以变制变。我们要不断地提高自己各方面的才能，紧跟时代的步伐，让自己有魅力、有能力，这样得到的爱就会越来越多。

（3）增强自信心。那些缺乏安全感的人往往就是缺乏自信的人。有充分安全感的人，不会过度在乎已拥有的，也不会害怕失去，他们相信，即使自己失去一些东西，也还会拥有很多其他的，甚至再找到更好的。

（4）心态放松。不要整天追着自己的爱人跑。他出差你就去见朋友，他聚餐你也可以约朋友看电影，不要将心思放在一个人身上，否则会很累。我们要活得潇洒自由。

（5）放下猜忌。在情感交流中，我们要果断地克服多疑，用理智认真地思考分辨，用宽阔的胸怀和友善的态度对待他人。同时要相信自己，对事不要过于计较，得失心也不要太重。情感上的斤斤计较很容易让自己陷入困境。

感性和理性往往很难同时存在。越是感性的女人，越容易对爱情产生难以抑制的不安

4. 爱情恐惧：爱是想要触碰又缩回了手

丹丹今年 25 岁了，大学期间谈了一次恋爱，因为对爱情的渴望和强烈憧憬，所以投入全部的心力去经营，最后却因为男方嫌弃她的样貌而分手。

从此以后，她一方面对爱情仍然充满热切的渴望，一方面对爱情也产生了恐惧。

她害怕相同的情节再次在自己身上上演，毕竟曾经的痛苦是那么锥心刺骨。

与之相反，23 岁的小米遇到了一个英俊潇洒的帅哥。帅哥很喜欢小米的古典美，他使出浑身解数来追求小米，可是小米一直不敢答应。她很苦恼：这个帅哥有才有貌，身边不乏美貌的女子，他一直热情不减地追求自己，会不会只是贪图新鲜，玩一把就走。小米摸不透他的心

思，就借故百般推托帅哥的追求；而帅哥觉得她在考验他的感情，于是更加卖力地表现。

除了丹丹和小米，还有一些人因为生活在繁忙的都市中，在各方压力的逼迫下，无暇或无力维持一段感情。可是正当年少，谁都会对爱情充满渴望，有强烈的内心需求，这个时候恐慌的心态也就越来越严重。

有些人虽然已经沉浸在恋爱的喜悦中了，但还是会有恋爱恐慌，只是往往没有意识到。因为他们没有真正地在恋爱中投入情感，或者投入情感的同时会时刻计算得失。

有这种心态的人，如果发现自己的付出和得到不成正比就焦虑不安。

其实爱情会给人勇气和希望去面对失败，再从失败中赢得另一种成功。很多人害怕接近成功，只是因为他们曾经经受过失败。他们想要逃避失败的欲望是如此强烈，这种心理远比追求幸福的欲望要强烈得多。

除了以上提到的这些案例，爱情恐惧还会伴随着这几种心理：怕爱上别人后会深陷其中；怕被拒绝；害怕在最爱的时候失去对方；害怕自己受伤，也害怕伤害别人；害怕自己爱自由的心被约束；害怕恋爱后就再也回不到以前；害怕自己爱对方比对方爱自己多；害怕因为恋爱而浪费大量时间。

其实每个人对恋爱的恐惧各有不同，根据恋爱进行的阶段大致分成三类：恋爱前恐惧、恋爱中恐惧及恋爱后恐惧。可是有很多人并不愿意承认自己的情感问题，不愿意面对自己的爱情恐惧。

实际上，年轻人正处在认识自我、了解自我的过程中，有爱情恐惧并不是一件羞耻的事。

爱情恐惧是经历过或者看过某些不好的事情后，对恋爱产生的一种害怕、不信任的感觉。害怕确立关系，害怕一旦确立了关系，之前的感情就一去不复返。

这样的害怕其实就是缺乏自信。不自信的他们可能在童年时期经历了不少的挫折或者打击，当每一次创造和尝试都受到打压，他们就会逐渐对自己产生不信任的感觉；或者，他们在成长中经历过家庭的不幸，成年后表现在爱情上便是不自信、不信任，严重者甚至完全拒绝恋爱、拒绝亲密关系。

这种人通常比较内敛、不自信和敏感。他们不相信自己能获得想要的东西，为了避免最后失败，只好选择弃权。套用一句话就是："为了不让别人拒绝我，我先拒绝别人。"

而另外一种敏感的拒绝型恋爱恐慌者，他们往往非常善于观察和感受。他们如果在现实生活中看到有人因爱情而受伤害，就会把这种情况强加于自己尚未发生的爱情上，有时候还会在头脑中自编、自导、自演一出苦情戏，把自己幻想成凄美爱情故事的主角。

这种人通常患得患失，对爱情关系缺乏信心。因此，他们对伴侣的一举一动有超出常理的高标准，并且有明确的感情“大纲”。相恋过程中，这种人通常体察细微，一旦对方的行为不在自己的“大纲”之内，就开始烦恼、痛苦。

切记不要为了得到爱而去刻意追求什么，也不能因为害怕而拒绝爱。学会顺其自然、放松心情，爱情便会如愿以偿地到来，恐慌自然会使爱情远离。另外，我们要自信，这样才能拥有向对方袒露内心的勇气，也能让自己学着接纳别人。只有自信的人才可以自如地面对外界的各种不确定，不断尝试并努力追求自己想要的结果。

5. 爱情依赖：离开你人生就没有意义

很多女孩子一旦谈起恋爱就容易在一段感情中迷失自我，喜欢对方到忘我的地步。她们每天都在努力地讨好对方，渴望对方每分每秒都关注自己，但如果发觉对方不像自己这般投入，便又会感到失落、痛苦。

萌萌就是这样一个女孩。她每天早上醒来第一个想到的就是自己的男友，什么都不干，先发一条短信给对方，如果收不到对方的回信，就要发怒，情绪失去控制。她和同学聊天的时候总是会谈到自己的男友，周围的同学、朋友都称她是“炫夫狂魔”；甚至连看小说，都会把里面的男主人公想象成自己的男友，不知不觉沉浸其中，过了半小时才发现书一直停留在某一页。

只要男友不在身边，萌萌就会不断地打电话追踪，有一次甚至一小时打了二十几通电话。因为过于依赖对方，萌萌的男友压力很大，不堪重负想要分手，萌萌又哭又闹："不行，我不能离开你！离开你，我怎么能活下去！"

萌萌的问题是存在爱情依赖。有人曾说：物种均有依赖症，依赖促其生长。如果人不依赖环境，就会在情感上依赖另一个人——依赖母亲的叫作"恋母情结"，依赖父亲的叫作"恋父情结"。我们的"情感依赖"还可以表现为依赖朋友、依赖上司、依赖下属、依赖公司、依赖宠物，甚至依赖玩偶静物。不过在生活中，更常见的就是萌萌这样的爱情依赖。

有情感依赖习惯的人对彼此的亲近和自己的归属有一种深度的、盲目的、过分的渴求。这种渴求一般都是非理性的，只是出于情感上的需要。他们无时无刻不想得到对方的关心，为了能找到一座"靠山"，甚至可以放弃自己的人生观和个人趣味。在这样的内心驱动之下，有情感依赖的人就会变得越来越脆弱、越来越懒惰，他们做事缺乏自主性，处处委曲求全以换取对方的关注和关爱。

有爱情依赖的人往往活得很压抑，并且这种压抑会进一步阻止他们为自己活着，有时候还会引发焦虑和抑郁。有爱情依赖的人多是女性，专家认为，女性产生情感依赖与她们温顺、柔弱的个性有关。有爱情依赖的人大多生活方式单调、单纯，生活圈子相对狭窄，生活中接触到的人和事物都不多。

如果一个人的社交圈子太窄，就很容易将自己所有的情感都寄托在另一个人身上，情感依赖就会在这个时候乘虚而入。但是，对于被依赖的人来说，有时是很痛苦的，常常会伴有难以言说的压力。

此外，习惯了依赖他人的人，一旦对方不能继续被依赖，那么他们同样也会陷入一种焦虑不安的情绪中。有的人会通过压抑自己的情绪来缓解依赖得不到满足时的痛苦，慢慢地，这种情绪就有很大可能会演变成抑郁症。其实，爱情依赖的发生还有以下几个原因：

（1）缺乏自信或者自我评价低，担心失去对方，担心自己被抛弃等。

（2）如果年少时与父母关系不好，没有感受到父母的爱，那么这种童年通常会造成他们的心理缺失，使他们容易成为儿童型成年人。

（3）过早的恋爱体验或者不同寻常的异性关系也会导致爱情依赖。

如果在失恋后或者深陷第三者旋涡时注意到自己变得依赖某一个人，我们通常会认为所有人都是这样。但实际上，正因为有过这样的爱情经历，而且还在追求类似的幻想，才会发生恶性循环，下一段感情也会重蹈覆辙。

有爱情依赖的人必须要明白，单身不等于被别人抛弃或者孤立。人要学会享受一个人的时光，不依赖别人，也不依赖某种东西或行为。学会和自己相处，独处的时间能够帮助你客观地、正确地认识自己，形成独立自主的性格，这是改善爱情依赖的关键一步。

一旦发现自己对某一事物产生了依赖，就应该及早摆脱这种不健康的寄托情感的状态。要彻底摆脱它的纠缠，可以从以下几个方面着手：坚持写日记，时常翻阅以此来关注自己最近的生活状态；做自己真正想做和喜欢做的事，哪怕看起来很疯狂也可以；消除童年时代的阴影；财富不是朋友，但朋友一定是财富，当你的依赖症反复发生时，向你的朋友倾诉。

最后，要想摆脱爱情依赖还得扩大自己的社交范围，多认识新朋友，学习新技能，培养新爱好，这样人生会有很多新的追求，不会长久将自己固定在某一种事物上，从而能帮助自己找到多种排解烦恼的方法，最终获得安全感和快乐。

谁不曾在爱情中做过浪漫的“公主梦”？但梦醒后我们就会知道，爱情其实是最朴实的相互扶持

6. 爱情偏执：我看不到他在做什么

因为老公生意做得很成功，赵昕就辞掉了工作，当全职太太照顾家中的孩子。全职太太的日子本来过得很惬意，可是最近她遇到了问题。赵昕经常会给在外应酬的老公打电话，如果对方没有接或者关机，赵昕就会非常紧张；很多时候赵昕刚刚和自己的丈夫通过电话，但看到他QQ下线，或者又打了个电话他正好没接上，她就马上开始怀疑哪里出现了问题，会胡思乱想：他是不是出轨了，正在和别的女人胡作非为；他会不会发生了什么不好的事情，是不是有危险，他是不是失踪了，被人打劫了，或者因为工作压力大引起心脏病突发……

赵昕很苦恼，明知道自己这样胡思乱想是不应该的，却总忍不住继续产生各种各样的想法。有一次她老公手机没电了，而人正好在外面，赵昕打了50多通电话。

赵昕这种情况是爱情偏执，而她自己并没有发觉，只是觉得自己哪里做错了。和爱情依赖正好相反，有爱情偏执的人意志非常坚强，他们为了达到自己的目的会不懈地努力，有一股不达目的不罢休的狠劲儿。

情感偏执是什么呢？简单来说就是妄想，而这种妄想很牢固，让人有发狂的冲动，他们容易在日常生活中走极端，对自己和他人产生危害。有情感偏执的人对自己身边的人和事都格外敏感，经常会在没有任何证据的情况下胡乱猜测，会觉得自己或者自己关心的人被伤害了。在正常的社交中，他们会随时随地怀疑朋友和同事的真诚，如果有人对他的评价不恰当或者比较随意，他也会妄想出羞辱与威胁的意向。在两性关系中，他们经常在没有任何证据的情况下就怀疑自己配偶的忠诚和感情。

具有偏执心态的人喜欢走极端，面对一件极普通的事情往往也会往很糟糕的方向去想。这与他们头脑中的非理性观念相关，要改变他们偏执的行为，必须让他们分析自己非理性的念头，随时提醒自己不要将任何事物都当作敌对的一方。

有情感偏执的人对任何人都不信任、敏感多疑，同时他们也不容易接受任何的忠告。这样的情况让他们很难坦诚面对自己的病症，因此若想要解决这个问题，首先要让他们放下戒心，明白自己或者他们关心的人都很安全，没有人要伤害他们。

情感偏执会出现也大多是因为有些人朋友少，注意力只放在一个方面。若是发生了情感偏执也不要害怕，要积极主动地与人交流，经常外出参加各种活动，在活动中学会交友。在交友中学会信任别人，逐渐地消除自己的防范心和不安感。纠正情感偏执还可以采用自我治疗和敌视纠正训练的方法。

自我治疗就是将自己心里那些不好的想法和观念加以调整和改造，除去其中极端偏激的成分。比如，“世上没有好人”的想法应该自我调整为“世上好人和坏人都存在，我应该相信那些好人”，“他不接我电话肯定是出事了”的想法自我调整为“他正好在忙，过一会儿他会给我回电话的”等。

当有偏执情况出现时，就自动把改造过的合理观念默念一遍，以此来阻止自己的偏激行为。但是有时候表现出了偏激行为而不自知，那么我们事后应重新分析当时的想法，找出当时的不理性想法，然后加以改造，以防下次再犯。

有偏执问题的人易对他人和周围环境充满敌意和不信任，妄想着周围会发生危险，因此可以采取以下的敌视纠正训练，这样有助于克服敌意对抗心理。

(1) 要经常提醒自己不要陷入“敌对心理”的旋涡中。事先自我提醒和警告，处世待人时注意纠正，这样会明显减轻敌意心理和强烈的情绪反应。

(2) 要懂得尊重别人，给别人适当的空间，不能过多干预别人的事务和生活。

(3) 要在生活中学会忍耐。生活在复杂的大千世界中，出现问题和摩擦是难免的，这时必须忍让和克制，不能随时产生敌对的怒火，将自己烧得晕头转向。

第二章

为什么我们会有情感问题

1. 爱情当中的学问

古往今来，人类不断歌颂爱情的美好，却又给爱情冠以神秘、多变、难以捉摸的形象。从《罗密欧与朱丽叶》到《梁山伯与祝英台》，无数文学大家对爱情都有着自己的理解，无论一个人是否认真思考过爱情的本质，他对爱情、对感情的基本要求一定是存在的。

一千个观众，有一千个哈姆雷特；一千个人的心里，也会有一千种爱情的模样。无论如何定义，提到爱情，最基本的要素即是：相爱的两个人和他们的关系。我们讲“关系”而非“婚姻”，是因为在如今这个多元化的社会，婚姻被赋予了更多的社会属性，除了责任、承诺，甚至还有压力、无奈与利益。当婚姻不再是爱情的最终走向，当婚姻也可以无关爱情，当爱情变得多元、自由、个性和主张自我时，在爱情中的我们该何去何从？

到底什么是爱情呢？我们可以这样定义：爱情是在两性之间产生的，是在人类心理达到相对成熟时产生的，会唤醒人类生理需求的一种具有浪漫色彩的高级情感。

当然，也有很多专家对爱情有自己的理解。美国社会心理学家齐克·鲁宾认为，爱情是个人对他人所持有的一种特定的态度，并且爱情与喜欢有质的差别。相比喜欢，爱情还包含着更多的东西——对亲密与依赖的需求、想要帮助对方的倾向，以及排他性与独占性。这个观点很好地解释了在爱情关系中总会出现的独占欲与依赖情结。

承接鲁宾将爱情视为态度的方向，加拿大社会学家约翰·李又将爱情分成了六种形态：情欲之爱、游戏之爱、友谊之爱、依附之爱、现实之爱以及利他之爱。情欲之爱是建立在理想化的外表之下的激情恋爱；而游戏之爱也很容易理解，爱情不过是一场互相追逐的游戏，爱情之于他们是过程而非结果；友谊之爱是“郎骑竹马来，绕床弄青梅”所描绘的青梅竹马之情，指的便是细水长流、稳定长久的恋爱；依附之爱对情感的需求非常大；现实之爱是现代社会被讨论最多的一种爱情形态，即追求对方的现实条件，期望以较少的付出获得更多的酬劳的爱情；利他之爱大概是最为高尚的爱情，他们秉持着一种牺牲、奉献的态度，追求爱情且不求对方回报。有了这些划分，原来那些爱情中形形色色的态度就都变得有迹可循了。

事实上，爱情的发生更多的是感性的而非理性的。我们理性地了解爱情，并非要揭开蒙在爱情面前的那层浪漫主义面纱，而是想通过了解爱情来更好地控制自己的情绪、行为、心态与欲望。你不懂爱，不是不会爱，而是不知如何去爱。

2. 为什么你的恋爱经历这么坎坷

我们常常惊讶：明明两个人第一印象并不美好，起初互相看不惯，提及彼此是嫌弃、厌烦的态度，却在某天，这两个“冤家”坠入了爱河。我们会疑惑，甚至会羡慕，为什么“仇人”都能握手言和，而自己的春天却迟迟不来？

这种现象通常发生在感情经历不太丰富的年轻人身上。由相互“嫌弃”开始的关系中，两人总是以挑剔、对立的眼光看待对方，这样的态度反而会增加对彼此的关注，因而更容易发现对方的优点。这样的心理状态下，对方的优点会特别突出，也就更容易由“嫌弃”转变为“欣赏”了。

我们会发现沉浸于爱情的人，精神面貌都不一样了。女生往往变得“小女人”起来，男孩子也会为了心爱的人做各种傻事，周围的朋友多半会感叹“恋爱中的人果然智商为零”。这也是有原因的。

那些在恋爱中迷失自我，对另一半唯命是从或者总是患得患失的人，往往容易出现这种情况。因为太过沉溺于爱情，对另一半爱得太深、依赖太过，就会在心里美化对方的形象，把他变得“完美无缺”，也因此给自己带来了自卑、焦虑甚至是盲目崇拜。可是这世界上哪里有完美无缺的爱情、完美无缺的情人呢，不过是“情人眼里出西施”的心理暗示而已。

随着网络的飞速发展，海量的信息爆炸式传播，越来越多的社会现象被放大和讨论。比如，出轨行为，围绕其批判、辩驳的声音从未停止，以至于人们延伸出许多标签化的印象，类似于“男人都会喜新厌旧”。其实，从动物身上就开始存在雄性见异思迁的现象了。

人作为高等动物，不可避免地残留着这种痕迹。我们并非以此为男人的出轨开脱，因为人与动物的最大区别就在于人有良知、有道德。若无法控制自己的行为，人又怎能脱离动物界呢?

但是我们若带着这样的固有偏见或者忧虑去寻找爱情，那么必然会影响我们的判断。太过信任容易受伤，太过怀疑会让爱情变质，该如何把握心中的爱情尺度呢?

我们不要过分怀疑爱人的一切思想动机，明白对方的生理、心理特点，对爱人有一点信心，相信他是一个可以控制自己行为、对感情负责的成年人，为爱情保留一点空间。

无论怎样开始一段爱情，也不管在这段爱情中是何种状态，人生最大的幸福，莫过于发现自己爱的人正好也爱着自己，且最终拥有美好的结局。可现实总不尽如人意，羡慕旁人的同时，自己却有那么多的“不幸”：因为深爱而畏惧开口，因为害怕失去而不敢开始，因为误会而分开，因为一时的冲动而开始一段错误的感情。为什么我们的爱情总是那么坎坷?

若我们正视自己，从内心深处剖析，或许会发现这些爱情中的障碍与无可奈何其实是因为我们患上了“情感病”。或许是爱得太多，把爱变成了彼此的负担；或许是因为畏惧爱情本身，对自己产生了怀疑；又或许是爱情观出现了偏差。这么多因素影响着我们在爱情中的行为与心态，对一段关系的经营产生了动摇，才造成了恋爱经历坎坷，爱情无果。

爱情不是一厢情愿的事，真正的爱情需要两个人共同付出、彼此接纳，然后携手成长

3. 正视问题，才能大胆去爱

有人说，爱是人类的本能，我们不需要学习也会爱人。然而生活中却有许多人因为不会正确地表达爱，无法让别人感受到爱，而在情感道路上走得十分坎坷。亲爱的，你有没有想过，也许你在“爱”这件事上走错了路呢？

几乎没有人愿意承认这一点，也许听到“情感问题”这个词，他们还会感到手足无措：我怎么会有情感问题呢？其实，情感问题并不可怕，它只不过是我们在“爱”这件事上有一点心理问题而已，但是如果不能正视它，也会给我们的生活带来许多负面影响，徒增波折和烦恼。不过只要能郑重对待、正视并接受自己的小问题，我们很快就能痊愈，也能大胆地做一个能够正常去爱的人。

27 岁的小琪感情之路一直很不顺利，虽然她内心很渴望建立一个家庭，但每次和男朋友相处的时候总是会出现各种各样的问题，随即迎来的便是分手。长期如此，没有一段恋爱能够持续半年，这让小琪更加苦恼了。

身边的人总是劝她：“别太挑了，这世上哪有完美的人呀！”可小琪自己知道，其实她对男朋友的要求并不算高，只要有感觉、好相处，一切都好说。然而，每当感情略有进展，两人的关系越来越近时，小琪总会产生一种排斥心理，不愿意让对方与自己的生活交集太多，自己也不愿意涉入对方的生活圈中，因此对男朋友就会变得“挑三拣四”起来。其实，那都是借口，只不过是小琪的心在借这种方式告诉自己——该分手了。

她越是如此，就越难以进入一段正常的感情中，逐渐形成了恶性循环。这让小琪越来越苦恼、越来越烦躁，甚至产生了恐惧恋爱的心理，生怕再遇到一段无疾而终的感情。就算别人提到关于情感的问题，她也避而不谈。

小琪就是一个不会爱的人，或者说长期较为独立的生活状态让她一时无法适应真正亲密的恋爱关系。其实，单身久了的人总会有这种感觉，那就是“单身越久，越难恋爱”，这不过是因为我们在面对恋爱关系带来的变动时内心求稳的欲望会增加，也就会排斥这种变化，更愿意回归到过去习惯的单身生活。如果能够重视这个问题，告诉自己多去适应、克服，跨过这个阶段就没关系了。

小琪的麻烦在于并没有审视自己的问题，更不愿意去面对感情不顺这个现实。逃避烦恼根本无济于事，只有接受自己在情感上的不足之处，加以改进和适应，才能够正常地、大胆地去恋爱。如果你也有和小琪相似的情感问题，发现自己的感情道路总是不太顺利，千万不要因此对“爱”这件事感到灰心。爱本没有错，只不过我们需要用正确的方式对待，需要给自己一点时间走到正常的恋爱道路上。但同样，要是意识不到自己的问题，在错误的道路上继续向前，那就只能越走越偏，离爱越来越远。

正视我们的情感问题，去积极面对和解决才是最好的办法。

4. 自卑让我们不会爱

刘宇的样貌一般，但是眼睛黑亮，水汪汪的，看着很容易叫人心动。有不少男孩子想要追求她，可是她都拒绝了。刘宇觉得自己长得丑，那些男孩子所谓的追求搞不好只是和别人打赌，然后等着看她的笑话。

刘宇产生这样的畸形心理是有原因的。原来在她小时候，爸爸妈妈经常开玩笑说，刘宇长得丑，不是他们家的小孩，看起来好像是从外面抱养的小孩。刘宇小时候被其他的小朋友欺负，回到家中还会被父母责备，她觉得自己从小就没有被别人喜欢过。所以刘宇心里很自卑，觉得自己是一个没人喜欢的“可怜虫”，从而产生了自卑的情结。

我们从小经常听到这样的话，“要向 ×× 学习”“你看 ×× 那么优秀，你怎么没有他一分半点的呢”，我们接受的教育要求我们变得更好。要求进步固然没错，但是在童年时期过于强调别人家孩子的优秀，而忽略了自己孩子的优点，往往会造成孩子习惯性地检讨自己身上的缺点，容易看到别人的长处，而忽略了自己的长处。

童年时期没有得到充分的关注，或者被同学欺负，与周围的人有过不愉快经历的孩子，如果在他们成长的过程中，这些过去的事情没有得到纾解，就会形成一种无形的伤痛，扎根在他们的内心深处。这些微小的事影响了他们对自己的认知，影响了他们对于外界事物的判断。长大之后，那些不愉快的经历让他们产生了自卑的心理。

自卑的心理容易产生自卑情结。有自卑情结的人进行自我评价时总是从消极的层面入手，因而时常有自惭形秽、处处不如人的心理。自卑不同于自卑情结，两者的区别在于前者是个人对自己某一方面的否定与信心不足，而后者则是对自己的全盘否定与信心不足。

在生活中，每个人都会嫌弃自己的某一方面：有些人觉得自己容貌不佳、身材不好、学习不够好、工作不理想等，这都是自卑；但一个人从各方面都嫌弃自己，甚至连自己在别人心目中出众的方面也嫌弃，那就是自卑情结了。

因为刘宇觉得自己不被人喜欢，所以她自己身上的一些优点完全被自己自卑的心理盖过了。在与别人相处的过程中，她明显地缺乏自信，所以她不敢接受别人的喜欢。对有自卑情结的人来说，别人的欣赏就是一种负担。自卑情结严重的人还会倾向于负面思考，会将外在发生的一些事件解读成对自己不利的信息。

刘宇觉得别人对她的喜爱、对她的认可是一种恶作剧。当有自卑情结的时候，你甚至会曲解别人善意的目光，这是一件非常糟糕的事情，所以我们需要从内心了解自己、认识自己、肯定自己。

像刘宇这样，爱情的自卑情结表现为个人对自我爱情价值、能力和结果的负面评估，对自己和对方都有不正确的认识。严重的自卑情结会使人对爱情的追求只注重过程而不注重结果，只讲自己的付出而不敢企望对方的回报；它使爱情失衡，还使人对爱情产生虚幻的想象而忽略了被爱的满足感，心甘情愿地接受爱情的不平等。

有些人疯狂地爱了一场，掏心掏肺地为对方付出，却只是希望对方说一声“爱我”。最终的落差会使其产生极度的失衡感，甚至会做出伤害自己的行为。爱情的自卑情结导致人在错误爱情观里的自贬和自损，而爱情观的自贬和自损又导致人在爱情追求上的“阿 Q 精神”。

我们面对自卑情结时，要放下对自己的成见，改变思维习惯。我们要学会包容自己和别人的短处。这世上根本没有完美的人，一个人的特点放对了地方就是优势和长处，放错了地方才是劣势和缺点。

我们要学会多维度思考问题，不要继续停留在过往一成不变的思维方式中。我们只有放下过去那些片面的认识，才能了解真正的自己。我们要学会转变自己的观察方式，把注意力放在自己和别人的长处上，尽可能地去做体现自己优势的事情，展现自己优秀的一面。总之，在爱情中不要急于拒绝他人的好感，不要否定幸福的可能性。即使是折翼的鸟儿，也能找到属于自己的那片天空。

5. 爱自己才能爱别人

一个人首先要把自己照顾得很好，才有能力去照顾别人，爱别人先要爱自己。一个心理抑郁的人看不到灿烂的阳光，一个不爱自己的人很难爱别人。

据《宋史》记载，章惇与苏东坡两人曾是好友。有一天，章惇和苏东坡一起到南山游玩。他们走到了仙游潭，仙游潭下临渊绝壁，壁上有一块很短的横木。章惇一时兴起，请东坡到壁上题字作记。苏东坡低头探身望望潭下，只见烟雾氤氲，深不见底，他马上摇头，连声说："不敢，不敢！"

章惇却径直走到潭边，攀着潭边的树吊下绳索，提起衣服就慢慢地爬下去了。他用毛笔在壁上大书："苏轼、章惇来此。"然后再爬树扯着绳索回到潭边，面不改色心不跳，更显飒爽之姿。苏东坡拍拍他的肩膀说：“你这气势以后能杀人。”章惇不解地问：“你凭什么这么说呢？”苏东坡说：“能随便将自己生命置之度外的人，肯定也能杀人。”章惇听了之后哈哈大笑。回来后，苏轼告诫朋友：“章惇不可交。”一个人既然连自己的生命都不爱惜，又怎么可能爱惜别人的生命呢？轻贱生命之人，不可为友。

苏东坡预言：“如果章惇有一天得势，他一定不会把别人的生命放在眼里。这样的人心狠手辣，为了达到自己的目的连命都可以不要，还有什么事情做不出来。”朋友们听了，都笑着摇摇头，说苏东坡这是小题大做，危言耸听，没有一个人相信他的话。三年后，章惇成为一代权臣，杀戮无数，连苏东坡也遭其毒手，被他一贬再贬，贬到了“天之涯，海之角”的海南。

在爱情当中，有很多的人迷失了自我，甚至感情失败，最后连继续生活的勇气都没有。为什么呢？因为这样的人莫说爱人，其实是连自己都不爱。他们把对方当作自己生活的中心点，一切都围绕其展开。他们没有自己的生活、没有朋友，变成了一个不可爱的人。

我们只有由衷地喜欢自己、爱自己，才能由内而外地散发出一种热情。这种热情是积极生活的动力，会让你全心全意地投入自己的世界，处理好自己的工作和生活，拥有自己的事业，拥有自己的朋友。这样，你就是一个有爱的人，有爱的人会将自己变成爱的中心，觉察到“我即是爱”，这样爱别人，就能体察到对方的快乐，并且尊重对方，带给对方愉悦的心情和幸福。

当你这么想的时候，你的心境会发生变化，不会纠缠于他的一举一动，不会为他的一些行为彷徨失措。爱情依赖也好，爱情冷漠也罢，都会随之消失。我们患上这样那样的“爱情病”，最重要的原因是我们没有找到和自己相处的最佳方式，却企图通过在别人身上找到爱、获得爱，来证明自己、挽救自己，结果造成了诸多的心理困境和心理问题。

爱自己不是说要委屈自己，把自己变成一个“人见人爱”的人。而是要从心里接受现在的自己，接受自己的不完美，接受自己可能迎接的未来，然后通过内心或者外在的修炼提高自己。一个爱自己的人必定是一个尊重自己的人，他会体察到自己内心所需，不会因为外界的压力和外界的影响而扭曲自己。

爱自己的人对自己坦诚，喜欢美就追求美，喜欢自由就追求自由。爱自己的人会用一种流动的能量将自己和外界相连。爱自己的人对自己坦诚，同样会对对方坦诚，能将自己的内心感受进行最直接的沟通和交流，避免两性交往中的猜忌，使得美好的爱情能够持续地发展。

爱自己的人会及时反思、反省，不逃避，不找借口。爱自己的人因为愿意接受自己，所以当他知道自己的局限时会想方设法地调整。如果不能调整，那么他会促使自己内心平和地接受，不和自己较劲，不和外界的事物较劲，平和的人总是充满力量，能处理好与对方的关系。

在爱情中，我们很容易陷入一种误区：我希望有人疼我、爱我，这样我才有价值、有意义。可是，我们想要获得爱情，首先要爱自己。学会爱自己才能更好地爱别人。

总有人在遇到真正喜欢的人时感到自卑，害怕自己不够好，害怕自己无法吸引喜欢的人

6. 我们产生情感问题的根源

现代恋情里，分手的理由逐渐不再单纯是经济悬殊、年龄悬殊、异地恋，而越来越多是因为性格不合、价值观不合。《中国司法大数据专题报告之离婚纠纷》显示，现在的离婚诉讼73.4%以上是由女性提出，情感不和是主要理由。出现这一现象很重要的一个原因是人们的婚恋心理成熟水平不够。

什么样的行为才能称为心理成熟？心理成熟往往由无条件的爱及高质量的陪伴滋养而成。心理成熟的个体相对比较自信，有较高的共情和沟通能力，能明白别人与自己是不同的独立个体，可依恋，可独立，可享受亲密关系，也可享受个人自由时光。他们明白每个独立个体都要对自己负责，明白适当的挫折对每个个体来说都是有助于成长的好事。他们有明确的界限，知道哪些事情在自己的处理范围之内，不僭越，也不过分担心自己和他人。

可是现在的情感关系中，心理真正健康成熟的人并不多。这是因为父母和学校的教育在感情处理方面存在着缺失。我们在学校里学习“语、数、外、音、体、美”等各种知识和技能，可是我们从没有机会在学校里学习如何建立幸福、快乐和有爱的关系。从小学到高中，学校没有教我们这方面的技能，传统教育在这方面是空白，很多人对两性情感的感知直到大学或者大学以后才开始。

在家庭教育当中也同样如此。我们小时候被父母和老师盯着学习，常忽视人际关系的经营。我们的父母总是希望我们少花时间与同伴进行交流，有些严格的父母甚至会阻止我们和同龄人一起玩耍，而要求我们把更多精力用于学习。他们认为人际关系的处理能力就像初为人父母一样，生活中遇到了，我们本能地就知道怎么做了，根本不用教、不用学。

如今，情况正变得越来越复杂。我们面临的选择增多，生活品质也在提高，精神层面的东西自然就成为我们首要考虑的问题。我们追根溯源，回过头来反思出现的问题，才恍然大悟，原来我们对关系经营一窍不通。我们一头栽进人际关系里，边做边学，犯下一堆错误，屡战屡败后，要么戴上厚厚的面具勉强支撑着，要么对人际关系产生恐惧。

爱是一门学问，我们要想理解恋爱这种高级感情，就必须先理解初级感情。初级感情就是母亲对子女无条件的爱，这种关系无须强大的理解力，大家都能接受。这种初级情感是一种不需要回报的爱，或者说是一种不需要关系作为寄托的博大的爱。

我们要把这种理解扩大到更广泛的社会关系上去，扩大得越多，人的心胸越宽广。这样我们就成了博爱天下的人。通过爱所有人，给予所有人关爱，来逐渐了解真正的恋爱关系。

只有在实践中，我们才能不断学习如何正常地爱别人。有些人对恋爱持消极的态度，这种情绪不是心理态度上的消极，而是行为举止上的消极。因为他们懒于行动，最终使得情况变得越来越糟糕。很多年轻人都属于这一类，他们知道如何纠正不会爱、学习怎么去爱的方法。可是他们没有真正地采取行动，因为任何练习做起来都需要耐心和坚持。他们懒散，没有坚韧的毅力，导致很多普通的问题变成了棘手的难题。

他们宁愿在原地打转，也不愿意自己在爱里磕磕碰碰。可是没有任何一种能力不是通过练习获得的。俗话说“不养儿不知父母恩”，说的是等到自己亲自养一个孩子的时候才知道真正的父母的爱是怎么一回事。恋爱也一样啊！虽然学习如何爱别人和如何爱自己的过程，不一定是甜蜜的，但只有当你熟练掌握爱的能力的时候，你才是最幸福的。

在爱的练习中，我们可以治愈自己。“爱自己”是一个很好的观点，“爱自己”的动力在哪里？就在我们愿意努力，愿意给予世界、给予身边的人一份美好。我们想让自己的爱“不生病”，就要多了解自己爱的能力、练习自己爱的能力，这样才能成为自己爱情的推手。

第三章

不是不爱，只是太爱

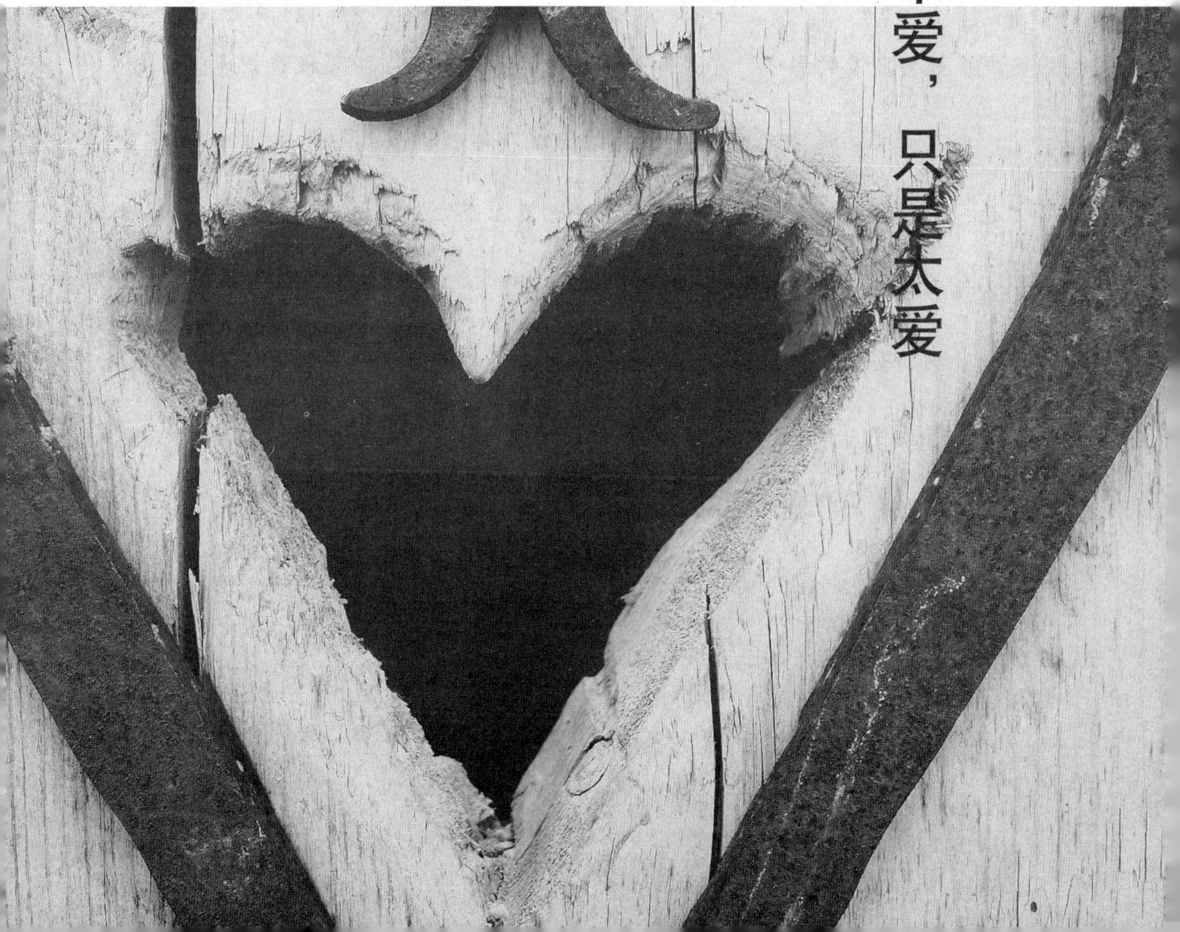

1. 如果爱情成为负担

王蒙恋爱了。她很爱她的男友，这一点大家都可以证明。我们说她就像她男朋友的影子，总是和他在一起，寸步不离。王蒙很自豪地说："我要让他在需要我的时候，随时随地都能找到我。"可能因为是初恋，王蒙不懂什么恋爱技巧，拿出一颗真心全心全意地对他好，一切都为他着想，怕他有压力，经常给他做美食、洗衣服、收拾屋子。谁都喜欢贤惠的女朋友，王蒙的男友自然也对她赞不绝口。可是后来，事情却发生了改变。男友加班，王蒙会很不放心，她开始不停地在加班时间给他打电话。有时候，她一天能打七八个电话。后来，同事看到她拨电话就会开玩笑地加上一句："又查岗了！"有一次，王蒙因为一个她不认识的电话而向男友再三追问，逼着他解释清楚。

这样的相处方式搞得两人都很疲惫，王蒙也觉得自己追问那些没有答案的问题是一件很无趣的事，可是她忍不住想要这样做。王蒙知道自己真的很爱他，很关心他，也害怕失去他。太多的爱给对方造成了压力，那就会变成负担。

其实，距离才能产生美，爱也需要一定的空间和时间。要知道，一个人的生活里住进了另一个人，原本的生活或多或少会被打乱，在这打乱的空间和时间里，彼此要有适当的距离才能审视清楚其中发生的变化，相互磨合和改进，让感情进一步深化，并且持续良好地发展下去。

只是有时候我们总是找不到适当的距离。距离太近会让人喘不过气，距离太远又觉得彼此遥不可及。最好的爱情不是两个人时时刻刻黏在一起，而是给对方一个适当的空间，让对方在与人相处的过程中自然地多一份牵挂和感动。

另外，每个人都会想有一段安静的独处时间，在这段时间里思考、分析问题，找到解决问题的方法。生活是两个人共同面对的，但是有时候我们需要自己解决一些难题，证明自己的能力。这时我们就应该给恋人所需要的空间。

情侣们没有在一起的时候，每个人都会有自己的生活圈、朋友圈。当两个人在一起的时候，圈子的融合是需要时间也需要艺术的。哪怕两个人共同生活了多年，我们也没有权利要求对方的生活要全部围绕着爱情。我们给对方一点空间，就会收回一份感激和信任。

在恋爱刚开始的时候，很多人就像是一只刺猬，长着刺人的甲胄，以此保护自己免遭外界的伤害。而相爱就是拔掉身上所有的刺相互拥抱的过程。很多人总是在相爱以后，彼此之间有了认识、了解之后，把身上所有的刺慢慢拔光，磨掉身上的棱角，这样才能更好地相处、更好地拥抱。然而，这些拔刺的痛和磨掉棱角的伤也会因为相处空间的变化而变得卑微。我们的爱要张弛有度，不能成为一种负担。

在爱情里，如果某一方一味地纠缠，过于强调要成为对方的唯一，想和他一起迎接生活中所有的困难，就会带来很多问题。这种想法不能说是错误的，可是我们的生活不是只有爱情，还会有亲情和友情。即使在热恋时期，我们仍然有需要自己面对的事情，个人能妥当处理的事不需要别人插手干预。爱情并不等于一切，当一个人的生活真的只剩下爱情的时候，他的生活也会变得空空荡荡。

真正幸福的爱情是给对方足够的空间和自由。给对方一份轻松的感情，这样的感情才会长久，才会随着时间的推移越来越浓、越来越深。一味地占有只会给对方压力，爱情也会因与日俱增的压力而变质，或许当中也是爱，只是这份爱会变得让人力不从心，直到两人相互伤害，最后只剩下离开的力气。

我们要站在适当的距离守护爱的人，给自己爱的人宽容，给自己爱的人信任。与其让爱情变得紧张，不如给自己一段能让彼此自由呼吸的爱情，这样大家才能更开心、更健康地生活。

如果你真心爱一个人，真心想要经营一段美好的爱情，就要给对方适度的空间和自由，爱他的同时也要爱自己。太在意他、太关注他，反而会让他觉得是一种无形的压力，爱情就成了一种负担。我们内心深爱，表达却要委婉些，藏着一些、留着一些才是最好的爱。

2. 自信的人才能在爱情中游刃有余

因为在工作中表现突出，田茹接到一项外派工作，总监告诉她外派一年回国后就能获得升职机会。当她喜滋滋地和男友分享这个消息的时候，男友却不高兴。因为外派到国外工作一年，他们就成了异地恋，而且这异地还不是买张机票就能飞到的地点，想去看田茹还得办签证。田茹觉得这倒不是什么问题，现在的联系方式那么多，视频电话也快捷畅通。他们俩感情一直很深厚，一年时间在工作中很快就过去了，不用担心太多的东西。田茹的男朋友却死活不同意，说她要是到国外工作的话，过一段时间就会把他甩了，根本就不是一心一意要和他在一起。

田茹这下子知道了，自己的男友不愿意自己出国是因为他不够自信，他害怕田茹成长了、开阔眼界之后，就变得有想法、有远见，不再局限于原来的天地，这样可能会带来他们俩情感上的危机。

其实大多数的人都会有这样的想法。他们缺乏自信心，害怕自己心爱的另一半冲破原来的格局，走向更广阔的天地后不肯再待在自己的羽翼之下。的确，一个生活更丰富、见识更多的人才不会有限定的格局。没有自信的男友只想让自己的女友乖乖待在自己的身边，他害怕对方的成长显得自己落后，为了让大家还处于同一个水平之上，对方最好不要进步。

其实无论谁的进步和成长都能带来两个人的进步和成长。田茹的男友也可以通过其他的方式来进步，增强自己的专业技术，在事业上更上一层楼，这样的齐头并进比阻止对方成长更有效，而且能使得彼此的感情更加牢固。

真正爱她的人会尊重她的想法。一个自信的男友会想，我很出色，所以我才找到了这么出色的女友，我要在其他方面做得更好，让她无法离开我。俗话说，“珍珠配玛瑙”，一个自信的丈夫就会有一个自信的妻子。和自信的人在一起，我们才能充分地体验到爱的快乐。

自信源于我们的实力、眼界和经验。为什么会把经验排在最后呢？是因为前两者是后者的基础，一般经验丰富的人，前两者也不会差。从小自信的孩子，离不开老师和家长的夸赞。我们小时候有一种榜样心理，成绩好的男同学、女同学一般都能成为“班草”或者“班花”，其实小孩子的审美很简单，学校中成绩好的同学无形之中就带上了“光环”，这个光环就是自信。大部分人从本能上喜爱那些实力强的人，而有实力的人因为某些气场就凌驾于我们之上，我们会抬头仰望，自然就变成了一种欣赏。自信也来源于我们的眼界。对于感情来说，眼界是很重要的。“没尝过猪肉”也要“看过猪跑”，没谈过恋爱也要听说、了解过很多恋爱故事。大部分人的初恋之所以美好，是因为初恋发生在我们眼界尚窄的时候。那时候生命中出现了这么一个人，他帮助年幼的我们领略了爱情的美好、刷新了感知、开阔了视野，我们自然而然地会把这种美好的第一次的感觉牢牢地记在心里。

我们的初恋因为没有经验，所以产生了很多美好的体验。这些经历不是因为对方是谁，而是因为在那些经历中，笨拙又莽撞、无措又着急的自己很美好。

但是我们一直停留在原地行不行呢？当然不可能，人都是不断进步的，所以我们要跟随着自己的步伐不断成长。当我们慢慢长大，有了一次又一次情感经历，可能就无法像喜欢初恋那样喜欢一个人了。这就是因为我们眼界扩大了，慢慢了解了情感的缘起和发展，对爱情的看法态度改变了。

我们开始真正地知道，我们爱的是谁，该怎么爱他，怎么让自己快乐的同时也让对方快乐。我们的眼界需要以实力为基础才能提高。对一个人着迷，很可能是因为原来你觉得配不上这个人，而当你有了实力之后，自然会遇到更好的人，眼界也逐渐变开阔，格局大了，我们可以展望更多的未来。

自信的人能平和地面对爱情中的波澜起伏，他们觉得自己有能力、也有魄力解决面临的问题。像田茹的男友不相信自己的女友，还怀疑自己的魅力，可能最终会导致爱情的远去。只有那些胸襟和气度开阔的、自信的人，才能赢得真正的爱情。

女人最大的资本不是爱情或者婚姻，而是自己

3. 我不想成为谁的“米虫”

林洋和老公结婚的时候，已经在职场打拼了多年，夫妻双方都很积极努力，很快就成为同龄人中的佼佼者。衣食无忧之后，宝宝的到来让他们的生活一下子更加充实。

林洋的老公做销售，需要经常出差。林洋的父母和公婆离他们很远，过来生活后很不适应，同时家里也有需要照顾的人和事。夫妻俩商量后，就决定让林洋辞职做全职太太。辞职之前林洋在工作上颇有成效，但是她觉得为了整个家庭做这样的牺牲也合情合理。在当时，林洋是比较早的全职太太，在同龄人中很少见，林洋的姐妹们都很羡慕她，可以退出人事烦扰的职场，全心全意照顾家庭。

的确，林洋当全职太太给家庭和孩子的成长提供了很好的帮助。林洋孩子小的时候经常生病，反复发热，半个月、一个月就要去一次医院。医院从挂号开始就要不停地排队，有时候在医院一待就得一天。

不过，另外的问题也接着出现了。林洋刚辞职时，还能按照工作时的习惯，去健身、喝咖啡、泡书店，但随着做全职太太的时间加长，她越来越找不到自我了，她觉得全职妈妈比上班累多了。随着孩子年龄的增长，林洋觉得自己和社会越来越脱节，像个“米虫”一样，和自己老公的共同语言也越来越少，夫妻间的矛盾增多。

林洋提出，自己要重新工作、投入社会。她的老公不同意，觉得妻子在家里安心照顾家庭，就是对家庭的最大贡献了，还费什么劲儿呢？

生活中，全职太太从职场转型，将家务、家事变成一份工作，大多数原因是为了孩子。她们早上五点半起床，准备一家三口的早餐，开车送孩子上学；八点半左右回到家，做家务、去超市、准备自己的午餐；午饭后补个觉，下午一点开始上网，给孩子找学习资料，然后就得出发接孩子放学了；下午四点半开始准备一家三口的晚餐；晚饭后监督孩子做作业、陪玩……

这就是常见的全职太太作息时间表，主题只有一个——陪伴孩子健康成长。现在的家庭，越来越重视孩子的教育，只要经济收入等条件允许，母亲“全职”的概率就高。而这几年，全职太太的数量成倍地增加。

除了林洋这种有钱、有闲，全职纯属“锦上添花”的家庭，更多的女人离开职场做全职太太是迫于无奈。她们想留在职场，可是没有富余的钱请保姆，只能自己带孩子和照顾老人。在母爱和家庭责任面前，女性即使有再出色的工作能力、再光明的职业前景，都得做出让步。全职太太回归家庭，看似是当代女性的一种自由选择，而背后却隐藏着深深的无奈。因为对家庭、对孩子的爱，全职太太成了“米虫”，结果给自己带来了很多困扰。

困扰之一是在家中地位下降。像林洋，她的婆婆是不满意她辞职的。在她那代人看来，谁不是一边上班一边拉扯大孩子的？婆婆觉得林洋太娇气，把养家的重担都压在了她儿子肩上。林洋的老公也觉得她“闲”在家里，家务活、照顾孩子就该由她全部承担，这些事情并不难。林洋也经常为这事和老公争吵，家是共同的，两人只是分工不同。甚至孩子也明显意识到爸爸和妈妈的不同地位，有一回林洋批评孩子，结果孩子说：“你除了做家务，什么都不会，有什么资格说我？”

困扰之二是与丈夫缺乏共同话题，导致家庭不和。全职太太一个人在家虽然有很多事可以做，但可以交流的圈子毕竟变得小多了。她们如果没有一颗不断学习的心，就很难跟上丈夫的节奏，夫妻间慢慢变得无话可说。

此外，全职妈妈们最大的忧虑还是与社会脱节。当初是为了孩子辞职，可是孩子长大了可以上学了，全职太太们却很难找到工作。全职太太们不仅承担着家务，还承担着被社会和另一半抛弃的风险。她们心中充满了忧虑和恐慌。另外，全职太太的社会保险、医疗保险需要自己缴纳，得到的却很有限，因此，她们的不安全感会更加强烈。

很多女性当初选择当“全职太太”是基于对家庭、对丈夫的信任。而实际上，这种信任的基石相当脆弱。为了和社会保持同步，一些全职太太选择开网店或者服装店，赚的钱不一定多，但是至少可以做一点事情，和外界有接触。

有调查研究表明，在我国经济发达的地区，全职太太已成为新的自杀高危人群。因为全职太太的大部分时间都是在家里度过，很少与社会沟通交流，很容易陷入抑郁，情况严重者就可能走上自杀的道路。如果全职太太和自己的丈夫关系出现问题，内心的抑郁情绪越积越深，则更容易有自杀倾向。

其实，选择当全职太太是出于自己的责任，而不是某种迫不得已的妥协。爱到最后成了伤害，这是令人遗憾的事情。因此，全职太太在为家庭付出的同时，也不能失去自我，建议妈妈们在孩子两岁后就走出家门，重新投入到社会工作中去。尊重自己、善待自己，为自己的明天负责。

4. 为了爱失去自己

王敏很爱她的男友，她对男友很好，而条件出色的男友当初之所以会选择王敏，也是被她的善良和执着所感动。可是从两个人一开始交往，男友就对她设定了很多标准，要求她成为自己的女友之后要努力达成。

刚开始，男友嫌她不会讲英文，要她去学习。王敏对男友言听计从，真的报了一个英语班，跟着一群要出国的孩子们苦读；接着，男友又嫌她身材不够好，王敏就花了大笔钱，去推脂、油压、塑身，参加减肥课程，注意营养食疗，从来不敢多吃一星半点；后来，男友又开始挑剔她只有大专学历，要她自学参加本科大学自考。王敏善于和人打交道，可是天知道她是多么讨厌读书，之前学英语已经把她的心力全都耗费掉了。

现在，她越来越符合男友的标准，拥有了本科学历，说着还算流利的英文，拥有傲人的身材，穿着时尚的名牌衣服，成了男友心目中“上得厅堂”的女伴。可是王敏却说，如果有人当面夸奖她美丽、气质优雅、打扮时尚，她总隐隐觉得不安、不舒服。这些年来，别人看到她从麻雀变成凤凰，由内而外发生了很多的变化，可是只有她自己知道，她并没有变得更加自信，因为她被动地接受男友安排的一切，她的耐心和信心反而在这一次次的努力中被打压得支离破碎。

为了维系这份爱情，王敏费尽了心思，耗尽了心力，生活在男友给她画好的世界中，完全失去了自我。为了爱，失去了自己，可能总有一天会连这份爱也保不住。

果不其然，在王敏心力憔悴地应付着这看似美好的生活的时候，她的男友移情别恋了。他认识了一个完全符合他心目中期望的女孩，那个女孩现在拥有的条件和他想要的一模一样，根本不需要进行任何的改变或者努力，而且女孩活得很精彩、很洒脱。男友无视王敏多年来为他所做的一切，坚持要和王敏分手。

分手之前，男友对她说：“你是被我塑造的，无论如何你都应该感谢我，感谢我对你提出的要求让你成了不一样的人。如果不是因为我，你大概还是从前那个不起眼的女人，哪里会有现在这么好的条件呢？”

王敏听了这番话竟然无言以对。他是对的，如果不是为了他，她不会有这么大的改变，也不会变成今天这个模样。王敏觉得自己心里在淌血，因为她的改变只是为了迎合他，她的内心根本不喜欢自己的改变，从头到脚，她都没有喜欢过。她觉得，自己的男友从来没有喜欢自己、接受过自己，他只是喜欢拥有这样条件的女人。

我们和一个人相恋，除了获得对方的爱，更珍贵的应该是获得认可。这种认可不是依附外在的条件，而是内心独特的品质。而王敏虽然有了这样那样的改变，可是她并没有提升自我的价值感，反而失去了自己，变得无可依存，这是更可怕的事情。

我们爱上一个人，却因此失去了自己，到头来就连原来的这份爱也会一并失去。

任何一个人都有自己独特的魅力和价值，除了自己，别人无从增加、也无从剥夺我们的价值。我们可以经由美貌、财富、爱情、成就、才智或任何外在行为表现来提升自己的价值感，但是这些都必须是根据自己内心的意思，让它们成为自己价值的一部分，让它们变成你自信的一部分。因为我们只能借由自信心来获取尊严。

为了在两性关系中更加自在、更加快乐，我们要改变那种牺牲和付出的心理，可以从以下三点开始做起。

（1）我们必须爱原来的自己。无论我们原来存在什么缺陷或者什么特长，那些都是我们自己的特点。我们都必须爱原来的自己，接受最本真的自己，只有这样，我们才有自立、自尊的根本。

（2）不要因为爱而失去自己。如果一个人内心不接受你，不尊重最真实的你，那么他永远不会真正爱你。爱就是欣赏，一个人如果不懂得欣赏你原有的特质，只是一味地要求你为他而上进改变，那么他其实不是真正爱你。请离开那些只会对你提要求，却不能接受你的人。

（3）自爱自尊，才会为你赢得真正的爱与尊重。这是两性关系中最重要的事。

女人在爱情中的第一个需求就是被关心，有时候“不舒服”就成了满足被关心的需求的理由

5. 如果生病能换取更多的爱

小秋的身体状况一直很好，突然在两年前查出了子宫癌，医生建议做切除手术。小秋一开始并不同意，觉得自己没什么大事，药物治疗一段时间能够康复。大家都劝她，孩子已经长大，老公事业有成，没什么可担心的，应该听医生的指导意见。经过一段时间的挣扎，小秋接受了大家的建议。

手术过后，小秋身体慢慢康复，只是她的情绪发生了变化。因为手术过后，小秋没有上班，只在家中静养，老公要忙事业，孩子要忙学业，只剩下她对着空荡荡的房子。小秋觉得自己很可怜，终日落泪，她觉得自己都生病了，可是自己的老公和孩子没有关心她，没有无微不至地照顾她。她经常抱怨："你们这样子对待我，我不如死了算了。你们是不是觉得我拖累了你们？我死了，你们也活得痛快。"

小秋的态度让自己的丈夫和孩子也很委屈，他们在家的时间不多，都希望开开心心的，可是一回到家就像遇到了炸药包。于是小秋的丈夫愈发晚归，小秋的抱怨就更多了："你们都说忙，我看是假的吧？我没生病的时候把一家人照顾得妥妥帖帖的，现在我生病了却连个关心的人都没有。你们都躲着我，甚至和我聊一聊，说几句话都不愿意。难道病人就该被你们抛弃吗？"人都是有情绪的，这个可以理解，但是总是向别人索要关心，索要关爱，也让人觉得很无奈。

一般病人心理都会比较脆弱，都希望自己的亲人能够关心自己、照顾自己。病人觉得自己理应获得差别对待：生病的时候，可以躺在床上发号施令，可以逃避不愿意面对的人和事，而与此同时，我们的亲友必须对我们照顾有加。

生病成了一个出口，一个可以让我们向别人讨爱的出口。是不是生病的人都会有这样的经历呢？当然不是。像小秋，因为她健康的时候一直压抑着自己的情绪，无私地为家庭付出，从没有对别人提过自己的需要和诉求，她一直以积极正面的姿态示人，很少示弱，也很少对大家说她内心真实的想法。

小秋一直没有通过正常的倾诉将自己内心的苦楚排解，而情绪的发泄虽然也有帮助，但同时也将自己的亲人推向了反面。负能量不能持续地憋在心里面，没有释放的负能量会让我们的内心生病，我们原有的爱也跟着生病。有时候，我们的身体能感知到我们真正的需要，借着“不舒服”扮演了一个桥梁的角色，让大家看到自己内心缺爱并需要修正治疗的真相。

生病的人希望得到周围的人关注、照顾，同时也在调整和他们的关系。我们将自己的弱点在生病的时候暴露出来，将内在的弱点表达出来，以得到大家的体察并帮我们改善。我生病了，我该怎么办呢？她生病了，我该怎么办呢？

小秋很想得到自己丈夫和孩子的关爱，于是借由生病发泄了出来。即使后来自己的身体已经康复，她仍然不自觉地将自己看成一个病人，希望家人依然给予她更多的关爱。可是家人适应了小秋的情况，开始了正常的生活，没有顾及小秋的孤寂，让她认为自己很可怜，变成了一个受害者。

有时候，病只是自己索要爱的一个借口。这种病是心病。我们获得爱的途径有很多，通过自爱、爱人，但是我们需要正面坦诚地表达，不要藏着掖着，通过情绪的发泄去获得。

6. 爱他就要接纳他

雯雯的老公是家中的独子，是父母的心肝宝贝，从小被宠爱着长大。他的妈妈经常打电话给雯雯交代一些琐事，或者打电话给雯雯的老公叮嘱诸多事宜，好像他还是从前的小孩子，还不会照顾自己。

雯雯的老公收入不多，却喜欢花钱，生活上的高品质其实都是父母和雯雯在支持。结婚多年，雯雯把钱包看得紧紧的，就怕生活中有什么不时之需。

可是天有不测风云，今年雯雯的老公患上了抑郁症。在吃了医生开的药之后病情得到了控制，人的情绪也有了很大的改善。可是，最近他却不肯吃药，因为他去参加了一个抑郁症的治疗课程后，开始接受按摩治疗。他只实验了两次，就觉得自己精神爽利，心情愉悦，于是要求每个星期都去接受两次按摩治疗。

雯雯很生气，医生开的处方药价格也不便宜，吃了之后效果显著，他却不坚持吃，偏偏找一些没有根据的治疗方法，一星期按摩两次要价一两千。雯雯不同意，后来还去实地调查发现，这个按摩治疗并不是一般的音乐温泉SPA，里面有美丽的心理咨询师，陪着聊天，谈天说地聊人生，整个疗程保守估计要花费两三万。

雯雯觉得自己的丈夫其实就是冲着那些漂亮的姑娘去的，他就是想借着按摩治疗的名义和那些美丽的咨询师发生一些故事。雯雯没有直接发火，她迂回地给他提建议，说：“现在的同质竞争不少，我们找一家价格能够接受的按摩治疗店。”雯雯的丈夫一向对她言听计从，生活中的大小事务全凭她做主。这次倒是也没有坚持，同意了妻子的建议：“你想换就换，只要是按摩治疗就行。我现在的状况比以前好多了，这种按摩治疗肯定是有效的。”

雯雯本来想诈一诈丈夫，查出其中的猫腻儿，结果他态度很坦诚，好像真的只是冲着良好的治疗效果去的。雯雯不知道是否要相信自己的老公，如果继续这样的疗程又害怕他和那些年轻漂亮的姑娘生出事端来。

按摩治疗是否对治疗抑郁症有效果，可能真的因人而异。事情变得复杂，难以解决，因为这样的治疗比传统治疗花销多，会有一定的经济负担，同时治疗过程中雯雯担心自己的丈夫会变心。

作为相处多年的伴侣，雯雯仍然很不放心自己的丈夫；做丈夫的凡事都听自己爱人的，不敢有意见，这样的婚姻算得上是和谐的吗？

其实，这样的婚姻状况在我们生活中普遍存在。很多人的婚姻关系是大姐和小弟的关系，这种“大姐和小弟”可不是指年龄，而是指他们的性格。男方通常是从小被父母过度照顾长大的“巨婴”，他们在自己的情爱生活中也倾向于找一个能照顾自己的伴侣。

那种大姐型性格的女性，通常本来就具有成熟的个性、独立的性格，后来因为婚恋关系的不对等，她们更是被迫强大起来，成为独当一面的女强人。一个坚强独立的女生遇到一个性格软弱的男生，他们彼此吸引、彼此相依，还认为是天作之合。

因为具备大姐性格的女生觉得这个男生实在贴心，尊重自己的感受，顺从自己的意见，不管发生什么事情总是让自己拿主意，是一个真爱自己的伴侣；而男生当然也觉得能找到这样的老婆实在是三生有幸，因为凡事有人操心、有人包办，两人的婚恋生活就像从一个家回到另一个家，不用操心任何的事情。

结婚后，他们才知道生活原没有那么简单。女生成了男生的保姆，男生家里家外置身事外，连买棵葱都没有主意。而女生发现，男生就是“妈宝男”，让他做一件事情，如果没有交代清楚，他绝对会把事情做走样。大多数的情况是，男生窝在沙发里玩手机、看电视，而女生忙里忙外。

女生抱怨：“这个男人太懒也太笨了，什么都不会！我眼瞎了，当初找这样一个没担当的人回来！”男生也很郁闷：“本来是一个青春美少女，娶回家来就变成了一个老太太，整天训人，唠唠叨叨，烦死人了！”

这样的相处模式导致这份爱越来越沉重，变成了生活的枷锁。我们除了抱怨，更需要彼此接纳，正视两人的相处模式。坐下来，坦诚沟通目前的问题和困境，找出切实可行的改进措施。

女生要学会放手，学会信任，男生要学会自己做决断，学会承担责任。我们生命的意义就在于不断地体验、不断地创造，这样才使得生命充满了华彩。我们的两性关系也在不断地变化和发展，在长期的互动中，学习、了解、改进。在彼此的情绪和复杂的摩擦中，看到自己的问题，也发现对方的不足，努力修正我们的关系，进而促进彼此成长。

即使我们会经历失败，但是在探索的过程中，遭遇的困境或者痛苦背后都带着积极的意义，帮助我们完成情爱关系的必修课。

第四章

你的内心，恐惧爱吗

1. 爱情真的是自由的坟墓吗

蒋英和小张相恋了，两人如胶似漆，生活过得比蜜还甜。可甜日子过多了，小张就有意见了。因为蒋英，小张已经好久没有和他的铁哥们儿一起在大马路上吃烤串、喝啤酒了；因为蒋英，小张已经很久不能熬夜通宵玩游戏了；因为蒋英，小张也已经慢慢地控制了自己的烟瘾，有时候他刚把手摸到裤子口袋里，就被蒋英一个白眼翻过来，打掉他的手。

有时候，小张憋不住就会偷偷跑到阳台上抽几口，一开始蒋英倒是什么都没说。后来，蒋英连他去阳台的时候都盯得死死的。让小张觉得难受的是，有时候他上完厕所，蒋英也会在他的身边转悠，就像“侦探”一样在他身上闻味道。

小张以前很喜欢吃槟榔，可是蒋英说槟榔吃多了会致癌，不允许他再吃；小张以前也很喜欢吃红烧肉，他妈妈烧得一手好菜，红烧肉肥而不腻、味美芳香，可是蒋英觉得这东西让人发胖，导致高血脂，也不让小张吃。小张的作息时间由蒋英严格控制着，小张的交友活动也被蒋英操控，小张的饮食习惯也为蒋英做了改变。小张觉得自己因为爱情失去了自由。难道我们的爱情真的就像那句老话说的那样——爱情就是自由的坟墓？

从小张的案例来看，似乎真实的情况的确如此。可这不过是两人生活磨合冲突的必然阶段：他们来自不同的原生家庭，带着各自的习惯，走在一起不能仅仅依靠爱情的冲动来维系，更多是靠自我个性的磨合和生活习惯的调整。在这过程当中，可能就会发生小张这样的情况，觉得自己方方面面都受到了限制和约束。

可他忽视了一点，蒋英同样也为了他在生活习惯上做了让步：蒋英陪着他的时候，肯定就失去了和自己闺蜜聚会的机会；蒋英在兼顾他饮食的时候，肯定也放弃了自己爱吃的美食。

相互的约束和限制其实都是各自让步、调整寻找两人最佳相处模式的过程。不能光看到其中让人不自由和不自在的因素，同样也要看到度过这个调整期之后的美好。相爱的两人总是希望能一起携手度过幸福的时光，而在时光中的这些冲突和牺牲就是最具有回忆价值的部分。

有一部电影叫作《恋爱前规则》。电影中的男孩一直信奉的一句话是“恋爱是自由的枷锁，婚姻是爱情的坟墓”。在生活中，为了自己的自由，他宁愿做一个无恋爱主义者。

一直以来，他觉得这样的生活很好，逍遥自在、舒服愉快，能够一心追求自己的动漫创作。可是在后来的创作中，每次他的作品都无法达到自己想要表达的效果以及老板想要的预期效果。自己都不满意的作品又怎么会使其他人满意呢?

作为一个创作者，男孩没有情感经历，这让他对生活感触不够细腻、深刻，他也逐渐失去了信心和灵感。他没有对感情纤细入微的体察，没有充沛的情感体验，是不可能把作品中蕴含的感情表达得淋漓尽致的。

后来，男孩遇到了一个“天使”，也就是电影的女主角——空姐。虽然两个人一开始认识的时候是有目的的相遇，但是他们性情相投，使这种相遇变为必然。他们共同生活在一起，虽然生活中有很多的不习惯和摩擦，彼此间的行为习惯和生活习惯都受到对方的影响，因为彼此的爱和惺惺相惜，空姐还是打开了男孩的心扉。

两个人之间流动的爱，也给了男孩创作的灵感，让他创作出优秀的作品，事业达到了新的高峰。恋人之间的爱不仅仅是枷锁，更有可能是我们前进的动力和源泉。

爱情是自由的坟墓，这样的理解是多么的狭隘和偏颇。莫说我们生活中没有绝对的自由，我们的爱情其实就是因为有彼此的约束和限制，才不至于成为脱缰的野马，冲进不可控的情感海洋中，找不到归依。

如果两个人真心相爱，那就肯定会找到和谐共处的好办法，会在限制和限定的生活中找到彼此的平衡。在两个人相处之初一定要有耐心，不要夸大对方对自己生活中提出这样那样要求带来的情绪化影响，可以提出合理的意见，让彼此达成统一。

相爱的两个人，也不要用爱来胁迫对方做一些不愿意做的事情。内心要平和安定，不要带着情绪和对方较劲，让对方了解自己所能做的让步。有这样的相处模式和心态，爱情也能够带着自由一起在情感的天地里飞翔。

2. 结婚是一种束缚：婚姻恐惧

晨晨和男友相处一年半了，有时候晨晨会因为一些小事和男友闹情绪，男友一直表现得谦让宽容。两个月前，晨晨因为男友有几次回复信息晚了，就闹情绪几个小时没有理他。男友也生气了，说要分开一段时间，让晨晨冷静一下，想清楚怎么处理自己的负面情绪。

晨晨和男友冷战了一个星期后，受不了了，主动去找男友。男友说，晨晨太骄傲了，可能结婚后相处不好会离婚，他觉得还是不要耽误晨晨，两人分手算了。晨晨完全懵了，她知道自己有时候没有管理好自己的负面情绪，并且可能给彼此的感情带来一定的影响，可是，恋人之间的小打小闹不是很正常吗？这其实也是促进彼此了解，引导两人良好互动的一种方式。

晨晨决定再给彼此一段时间冷静思考一下，于是一个星期后，晨晨认真地检讨了自己存在的问题，也说清楚了两人以后应该面对的情况。晨晨不愿意分手，哭得很伤心。结果，男友也哭了。他说，这可能是婚姻恐惧，他需要时间和空间考虑清楚。

晨晨万般无奈，只好尊重男友的决定。半个月之后，男友买了晨晨最喜欢看的某相声演员的节目的票当作礼物送给她。他们两人一起观看了表演，笑得很开心。晨晨问他事情考虑清楚了吗？男友告诉她，他其实很喜欢她，如果重新再找，估计不会找到这么喜欢的女孩了。希望两人能继续磨合，等待感情增进后再做决定。

爱情要修成正果必须要经历不同的阶段。一段成熟、美满的爱情需要经历的四个阶段是：甜蜜期、矛盾潜伏期、矛盾突发期、稳定期。这其中的每个阶段都很不容易。因为爱情不是单人独舞，而更像两人跳着舞步携手而行的合作。

当我们的爱情进入了稳定期，自然地就会想步入婚姻，共建家庭繁衍后代。可是，即使在稳定期中，我们仍心存忧虑，有些忧虑严重的人就产生了婚姻恐惧。

婚姻恐惧，更确切地可以称为结婚恐惧，意思是即将结婚的恋人中的某一方或者双方对未来的婚姻生活感到彷徨、疑惑，甚至是焦虑。但是通常来说，我们很难说出具体的原因，只是一想到结婚就会慌乱、烦闷。

那么，有结婚恐惧的人到底怕的是什么呢？

事实上，最让人愁苦的是婚姻有一种仪式性的象征寓意，那就是建立了稳定的亲密关系。美国心理学家霍妮称有婚姻恐惧的人具有“脱离人群”的特征。一般这些人小时候生活在冷漠的家庭环境中，家庭成员之间感情交流少。他们对隐私和独处有强烈的需要，害怕与别人亲密相处，认为那样会破坏自己独立时的自由，自己也将失去隐私。

霍妮还提出了“接近人群”特征。具有这样特征的人本质上喜欢亲密关系，爱和情都是他们追求的目标，只要听到一句“我爱你”，估计他们可以放弃所有名誉、地位甚至金钱。但是当一段关系进入平稳期，平静下来，他们就会选择分手，然后寻找下一个能给他“亲密感”的爱人。婚姻对于他们来说是一种束缚，平静的爱对于他们来说就是爱的死亡。

除了以上个人特征的原因，我们害怕婚姻还可能是因为父母的影响，害怕失去爱。父母婚姻的失败往往会给孩子的婚姻观造成影响。如果我们小时候经常目睹父母吵架，我们长大了就会产生对与异性在一起生活的恐惧。更严重的情况是，孩子完全与异性隔绝，因为除了吵架，他们没有从父母那里学会其他与异性交往的方式。另一种更致命的伤害是家庭暴力，女孩子会因为父亲的家庭暴力而选择远离男性。

有些人害怕婚姻，是为了逃避责任和承诺。我们不敢承担起自己的责任。同时，也存在不想承担责任的人，希望通过婚姻来帮助自己承担生活的重任，让自己的爱人做决定，从而逃避责任。一开始他们会期望婚姻的到来，但是随着婚姻的开始和继续，激情越来越少，责任和亲情越来越多。害怕承担责任的人逐渐发现，自己并不能因为结婚而逃避责任，反而还要承担更多无法承受的义务，因此感到害怕。

还有一些女性，她们在性生活中没有任何感觉，她们会把性生活当成是对丈夫的满足，而自己仅仅是一个发泄的工具。面对这样的情况，女性就容易对婚姻生活产生恐惧。而如果男方有性功能障碍，也会怀疑自己在婚后是否能够满足自己的妻子，这样的男性对结婚也是充满恐惧的。

知道了这些恐惧的原因，我们就要学会承担责任，放下恐惧。其实，婚姻实质上是一种契约关系，它保障的并不是情感，而是亲子确定性和后代遗传、抚养权。我们为什么需要婚姻呢？因为我们向往永恒的爱情，希望爱情天长地久，所以我们会对婚姻抱有期望，婚姻被赋予了特定的意义，成为获得某种安全感的仪式。

很多时候我们的心理就这么矛盾：既想有亲密的爱人，又想反抗婚姻的束缚

3. 相互欣赏要从肯定自己开始

春浅的妈妈是一位性格严厉且追求完美的女性，在她的影响下，春浅从小就建立了这样的理念：要努力成为最优秀的人，把每件事都做到最好。严格要求自己不是坏事，但过于追求完美的性格却让春浅背上了沉重的心理负担：她总觉得事情做得不够好，认为自己可能是一个很笨的人；在人际关系里也胆战心惊，害怕表现得不够完美，别人会不喜欢自己。闺蜜就曾经对她说："你对自己要求太高了，反而容易焦虑和自卑，为什么不放松一点，多肯定自己呢？"但是，春浅总是放松不下来。

大学毕业后，春浅跟一个很优秀的男生小A谈了恋爱，并且顺利走入婚姻。一切看起来都很好，但是春浅的婚姻生活并不那么顺利。谈恋爱时小A就发现，春浅总是有一种不安的感觉，做错一点小事也会很焦虑，反复确认自己是否生气了。小 A 没有太在意，他认为春浅太爱他了，害怕失去他，所以才会焦虑不安，结婚后自然就好了。但结婚后才发现，两人相处得仍旧磕磕绊绊，春浅还是会因为一点小事畏缩、自责，因为不满意新做的发型就逃避参加丈夫的同学聚会，说怕给小 A 丢脸……一开始小 A 还想办法引导、开解春浅，时间长了就没那么有耐心了，对春浅也冷淡起来。这样一来，春浅就更惶恐了，她想一定是自己做得太差，小 A 可能已经不爱她了。

春浅的问题就出在太苛求自己以至于完全否定自己，这种性格往往跟童年的家庭教育有关。春浅的妈妈给孩子树立的标准太高、太完美，总是挑剔她的错处，却少有赞美。久而久之，春浅也就习惯了遇事找自己的过错，认为自己不配被赞扬和尊重。生活中，如果自己都不欣赏自己，又怎么能指望别人欣赏你呢？亲密关系中，如果每天都忙于挑剔自己、讨好别人，又怎么能与爱人建立对等、相互欣赏的健康关系呢？

只有我们完全肯定自己、喜欢自己、认同自己，才有办法欣赏别人。当我们夸赞别人的同时，别人反过来也会观察我们的优点，赞美我们、欣赏我们、认同我们。这样，爱的关系就能流动起来。

人无完人，永远完美是可望而不可即的。婚恋生活中，我们也要学会接纳不完美的自己，建立一种合理的、宽容的、注重自我肯定和鼓励的标准，多赞美自己，坦然、愉悦地经营自己的生活。

对于那些有“春浅”式问题的女性，这里有4个“小处方”，或许可以消除焦虑。

处方1：肯定自己，用成功重建自信。

多去做一些自己擅长的事情，在能力范围内不断地挑战自己，用这样一点一滴的进步来树立自信心。成功的次数越多，信心也就越足，这是建立自信最基本的法则。多次的成功能够帮助人形成一种坚定的信念——自己是一个成功者。随着自信心的增强，我们就会保持良好的精神状态，持续快速地进步。在这样的良性循环之下，你就可以慢慢试着解决那些曾经让你畏缩的棘手问题了。

处方2：接纳自己，不去讨好别人。

接纳自己的短处，不要为了让爱人或周围的人对你满意而处处谨小慎微，强迫自己戴上虚假的“完美面具”。要有点“我行我素”的气魄，做事只要对得起自己的努力和良心，不要太在意他人对自己的评价，否则你只会觉得身心疲惫。

处方3：与你的爱人比肩而立。

夏洛蒂·勃朗特在《简·爱》中写道：“爱是一场博弈，必须永远保持与对方势均力敌，才能长此以往地相依相吸。”没错，伴侣之间应该是对等关系，既不仰望，也不俯视，这样彼此都会感觉很舒适。好的婚姻就是要棋逢对手、相互成就，而不是一人占尽主动，一人溃不成军。大方地与你的爱人站在一起，在爱人受到挫折时，鼓励他、支持他；在爱人有所成就时，赞美他、拥抱他，相互扶持的婚姻，会给你更多安定感。

处方 4：重视沟通的力量。

语言沟通是亲密关系中的一部分，缺少沟通会使彼此的关系出现裂痕。要想维持、推进亲密关系，就要去建立双方有效沟通的桥梁，多多交流，把自己内心的想法传递给你的伴侣、家人。特别是当你心情低落时，要学会通过倾诉和寻求帮助来排解情绪，让问题及时解决，家庭生活也会更加幸福美满。

肯定自己、欣赏别人，在自我认同的过程中获得他人的认同。我们内心的不安和慌乱等负面的情绪也会消失，从而使爱的关系顺畅，爱意得到流畅的表达。

4. 爱情是需要练习的对唱

有人曾经做过一个很妙的比喻，他说：“婚姻是张音乐专辑，有的一炮而红，然后消失无踪；有的每年出一张，但从未大卖。”这样的比喻非常贴切，因为我们的爱情其实就是一曲对唱，我们能否琴瑟和谐，就要看平日里相处时的合拍程度和对唱的音韵节奏是否能够踩到节拍上——两人在相处时对事物的理解和态度是否有共同节奏。

无论如何，两人的弹奏或者合唱都要多加练习。这样练习不仅仅是指我们和某个人的练习，也有可能是和多个人的练习。因为我们总要在实际经验中多试几次才能知道如何和别人对唱，如何和别人合奏。

谈恋爱的经验多一些，并不是一件坏事。当你进入青春期，对爱情充满激情，那么可能喜欢一个爱冒险、有活力的年轻人；当你进入社会，可能会喜欢那些充满责任感，为事业打拼忙碌的实干型年轻人。我们要认定一个终身和我们对唱的对象，也需要不断地在练习中寻找。

就好比你去买衣服。二十岁时，你看到一件光彩照人的旗袍：哇，这旗袍真好看！我想买！但是如果说让你下定决心这一辈子就只穿这件旗袍，你会觉得这很荒谬、很可笑，而且很冒险。两个人的爱情生活对于个人而言远比旗袍更重要，也更麻烦。

我们需要管理好自己以及对方的内心和情绪；我们要考虑自己的人际关系，上一代、下一代和双方亲戚朋友的人际关系；我们还要想到生活开销、生活质量等问题。所以我们必须在早期，多一些经历、多一些练习。

练习和经历不是试验，也不是挑选，而是要多一些体会。爱情，需要练习。这个过程从大声说出“我爱你”，到发现这三个字无比贵重，需要勇气和力量才能真正地诉诸于口。这个过程——从认识、喜爱，到真的理解懂得，愿意踏实地陪在爱人身边不动摇——是需要练习的。从爱哭、爱闹，只考虑自己，到更多地去倾听、理解对方，让自己也变得豁达爽朗。

爱情，需要练习。慢慢地，我们可能会从很少表露温柔、不善言辞，变成一个愿意随时给予拥抱，睡觉时都要轻轻握住对方的手的人。

爱情，需要练习。从反复争吵后的低落、疑惑，到彼此真诚地沟通。在这个过程中，我们可以了解自己，明白自己到底想要什么，同时也积累相处的经验。学会相处，是至关重要的。

爱情的练习也可理解成爱情的经营。爱情是两个人的事，但就像一份事业，需要我们用心管理自己的情绪，约束自己的行为，投入热情和努力才可以熟能生巧。只有当我们足够成熟和理性，才会知道婚姻要成功、要幸福，得需要多大的运气。而多一些恋爱的经验、多一些爱的练习，是可以提高婚姻幸福的概率的。我们可以从哪些地方着手进行练习呢？

（1）爱情的练习要有谋划。不能够只强调感性，我们要有合理的构思，加强双方的沟通，并且及时为对方的生活增添情趣，这样的爱情才会胜券在握。我们要想让爱情之花长开不败，就要知道怎样呵护我们的爱情，确保爱情之花有充足的阳光和水分。

这样的练习是双方的、互动的。“小树要砍，大树也要管”，什么东西都不能放任自流。同时，我们需要认真做好保鲜工作，使爱情之果更加美味可口。

（2）爱情的经营要做到有备无患，“预则立，不预则废”。爱情不是一劳永逸的，它会遇到来自各方面的侵袭或破坏，事先要有充分的思想准备，这样就可以避免或减少损失。因为一切事情都不是以人的意志为转移的。只有善于经营爱情的人，才能够把握住对方的情感，取得事半功倍的效果。

（3）爱情的练习和经营也要讲究科学。现在是信息爆炸的时代，科技飞速发展，经营爱情的科技含量也越来越高。爱情已经逐渐成为一门“高科技”的经营内容，这不仅是爱的科学，更是情的科学。因此，对经营爱情这样一门高深的学问，不仅要靠高情商，还要依赖高智商，同时必须“活到老，学到老”。

5. 情绪压抑会带来心理的恐惧

雪莉和男友谈恋爱一年，最初他们的爱情很甜蜜，可是最近，雪莉发现和男友沟通事情的时候总会吵架，有时候甚至为了买什么品牌的酱油产生分歧而大吵一次。两个人谁也不让着谁，吵架的时候面目狰狞。虽然事后他们很快就和好了，但是其实吵过的架、说过的难听的话，两人都已经记在心里了。

雪莉不喜欢吵架，因此两个人在一起的时候，她往往就顺着男友的意愿，避免发生冲突。有时候让并不代表着一定能够和谐相处，男友觉得她什么都没意见，对她反而更看不顺眼，时不时找雪莉的毛病，非逼着她吵架。

雪莉因为其他的事情压抑了自己的情绪，本来就很不舒服，面对男友无理的指责，更害怕失去他、失去这段感情，因此她越发紧张，情绪

越发低沉。后来，她的闺蜜觉得她行为不对劲，要求她看看心理医生，这才发现雪莉得了抑郁症。

情绪经常会控制我们的行为，虽然理智上我们知道应该怎么做，但是要让自己的情绪安定下来，不去做一些冲动的事情并不容易。为了阻止自己做出一些冲动的行为，有时候我们会刻意地压抑自己的情绪，用自己的意志力控制、克制情绪。

这些被压抑的情绪会变成一个不定时的炸弹，随时随地都有可能爆炸，释放出能量伤害到身边的人。有时候压抑的情绪伤害自己、伤害别人的时候，还会让自己的爱人产生误解，我们越担心，情况反而变得越糟糕。情绪不能释放，最后就变成了心理上的恐惧。

我们为什么会压抑自己，不表达自己的真实感受呢？因为很多人都好面子，做事总会考虑到别人的感受，害怕自己情绪的表达会引起别人的愤怒或者鄙视，就像一个小孩子害怕自己的某些行为会惹父母生气而克制自己的行为一样。所以，常人都会克制或者隐藏自己的情绪，不会轻易地表露自己。

其实，负面情绪的表达不一定是一件坏事。将自己的情绪压抑起来硬塞在一个角落里，可能某一天它就会跑出来闯祸。悲伤、愤怒、嫉妒或者忧郁，这些情绪是我们内心感受的正常表现。

当我们遇到伤心的事情无法自抑时，就会流下伤心的眼泪，这种悲伤的情绪是自然的、健康的。这些情绪的表达会让人心里变得轻松舒坦，对我们的身体而言，它是一种抒发，是一种宣泄，就像将我们身上不好的东西排出体外，让我们保持良好的健康状态。

如果我们限制这些情绪的流动，将它们压抑在身体内，负能量就会在身体内堆积，造成身体的负担或损伤。身体负担过重的时候，也会加剧情绪的问题，严重的时候就会让我们的内心充满恐惧，可能会自我怀疑或自我否定。

我们的思想会左右情绪，我们的情绪也会影响思想。情绪的不稳定，会造成两个人相处困难，两个人关系的紧张同时反过来也会影响到情绪的稳定。为了使自己的爱人满意，我们会压抑自己的情绪，结果导致情绪的崩溃和关系的恶化。此时，我们就会害怕关系的失去。而这种恐惧或者压抑的情绪无法排解的时候，可能会导致抑郁症的产生，抑郁症严重的时候，内心会对自己、对爱人或者对世界更加失去信心。

要摆脱这些恶性循环，我们首先要做好情绪的管理。不随意发泄自己的情绪，但是也不要一味地压抑它。相爱的双方要有自己的沟通方法、情绪释放的手段。

无论在什么场合，提出问题的心态要相对地平和，即使带着情绪也要注意分寸感，不要用过激的言辞说伤人的话。这样情绪的表达是良性的，是恋爱双方都愿意接受的。如果只顾着情绪的表达，而没有恰当的方式方法，必然也会对另一方造成困扰。

每个人都渴望有人与自己分享幸福和快乐，渴望温暖的眼神、热情的拥抱

6. 缺爱不能成为不会爱的理由

在娜娜还很小的时候，她的父母就离异了。娜娜跟着妈妈生活，可是那时候妈妈忙于工作，根本没有时间带娜娜，所以娜娜是由外婆和保姆一起带大的。娜娜妈妈的性格很要强，从小对娜娜的要求就很严格，从来就没有宠爱过她，在生活当中也反复地强调一个女孩子要独立，要有自己的想法，不要依赖别人。男人不可信，这世界上你只能相信你自己。娜娜很少见到爸爸，遇到难事只能一个人解决。

娜娜觉得自己很缺爱，有时候做梦都想有人来抱一抱她，轻轻地说上几句安慰的话。她有时候幻想自己的身边有一个晚上能陪自己睡觉的、稍稍宠爱着她的妈妈，有一个宠着她、会接她回家的爸爸。

可是在现实中她什么都没有，孤身一人。渐渐地娜娜变得越来越孤僻，而宿舍里的其他姐妹经常三五成群，吃吃喝喝、聊天逛街。她很想找一个宠爱她的人来谈场恋爱，可是她感觉自己不能相信任何人，她不相信会有人能给自己那么多的爱，所以她也没抱期待。在内心深处，娜娜知道自己缺爱，也害怕把自己爱的人带入现在这种不敢爱又缺爱的困境中。

缺爱的人真的不会爱吗？缺爱的人就一定不能得到正常的爱吗？未必。一般说来，缺爱的人可能性格会有些内向孤僻、认死理，他们对事物比较敏感，渴望别人疼爱又处处小心，缺乏安全感。但是也有很多缺爱的人拥有阳光开朗的性格，乐于助人，为人大度，幽默风趣，不功利、不世俗，全能发展，有生活情趣。

王芸也出生在一个破碎的家庭，她的父母经常吵架，后来离婚了。成年后的王芸发现自己不知道如何正常爱别人以及建立亲密关系。就在这个时候，她认识了一个朋友，朋友的父母相亲相爱、和睦幸福，这是王芸从来不曾见过的。

因为对这种生活充满了向往，王芸经常找借口到好朋友家做客，同时也与好朋友的父母建立了亲密的关系。就这样，王芸用这种方式体验到了在幸福和睦的家庭中生活的感觉，从而重新建立了对初级亲密关系

的认知。这个经历提升了她正常处理其他社会关系的能力。

当然，不是人人都恰好有王芸这样一种奇妙的缘分，但是如果你觉得自己像王芸一样性格不够阳光，但还是有朋友和小圈子，甚至能力不差，只是觉得小时候缺爱影响了自己的认知，那么可以在生活中注意锻炼下面这几点。

（1）信任别人，最起码要信任你的恋人。

缺爱的人往往会认为，信任应该来源于“有理有据的相信”，其实这是混淆概念。有理有据那是推理和证明，是演绎定理，不是情感。信任从某种意义上而言应该是无条件的，是根据对一个人之前的人品和品行了解之后，做出的具有全局观和自我牺牲精神的利益赌注。可是缺爱的人一般输不起，他们心里存在着童年的阴影，所以不会做出这样的赌博。这时候就要锻炼全局思维，要做好分类。

（2）良好的沟通能力。

做人做事坦诚、真实、不做作、不赌气、不自卑、不自傲。这些都是在人际交往中非常重要的个人品质，具有这样品质的人往往很受欢迎。缺爱的人一般很难真实地表达自己，其实他们对真实的自己也不一定清楚。因为缺爱的人对别人的情绪非常不敏感，对引发自己情绪的原因也不敏感。所以他们对周围的反应会相对迟缓，需要进一步观察和分析才能了解清楚状况。

（3）能够清楚地了解自身的需要。

某些时候，我们不能及时洞察恋人的情况没关系，缺爱的人首先要做到清楚地表达自己。有时候需要做一些练习，比如，以自问自答的方式，一步一步整理自己的思路：我喜欢他吗？不确定的时候，就反过来问，我不喜欢他吗？我把他当成什么人对待？他有哪些特别吸引我的地方？我讨厌他哪些缺点？在问自己的过程中，多想具体的事例和细节。哪件事情让自己觉得开心，自己开心是他的哪句话引起的？他的话语中除了关心，还有什么？

缺爱的人可以经常通过这样的分析、了解来重建和别人的亲密关系。良好的沟通能力是伴随着深度自省的，善于自省的人往往能在实践中通过迂回的方式改善自己。缺爱的人也会慢慢学会用成熟的心理来面对恋爱中的问题。恋爱关系之所以美好，是因为它弥补了我们童年时期的缺失。我们第一次感受到被肯定、被无条件地爱、被照顾和被呵护。

可是有时候缺爱的人很容易产生依赖。一次次地向对方索取关心，索取肯定，索取“爱”，只会让对方越来越累。爱情里的索取是应该的，但问题就在缺爱的人很容易用力过度。比如，对方的精力只能分给你百分之二十，你却无止境地索求，恨不得一次性将心里那个洞填满，结果，这样的方式把别人吓跑了。我们在分析、处理这些情况的时候尤其要注意到这个问题。

其实，小时候缺爱与否，不是特别重要，重要的是为人的秉性和恋爱的心态。我们在日常的生活中一定要积极面对恋爱中发生的问题，缺爱不是我们不会爱、不能爱的理由。

第五章

缺爱也是一种问题

1. 他是不是喜欢我：被爱妄想

小枫的上司陈诚是一个事业有成的大叔，和那些大腹便便的中年大叔不同，陈诚仪表非凡、能说会道。因为小枫和上司是同一所学校毕业的，校友的关系让他们在平时的交往中多了一份与常人不同的亲切。

在工作上，陈诚也或多或少地对小枫进行提点和照顾，小枫心里乐开了花。后来，随着两个人接触的增多，小枫更是觉得陈诚魅力过人，对陈诚也就更加留意起来。她发现上司每次见她的时候都笑得特别开心，有时去汇报工作还会亲手递给她一杯咖啡。这些小事都被小枫记在心上，她觉得陈诚有意无意地表达着他特殊的关心。

其实，小枫放大了陈诚的个人魅力。陈诚因为工作上原则性的问题也经常在办公室发火，当他们项目进展顺利的时候，他看到任何人都会报以热情的笑容。如果你工作出色，他就会开心地给你冲杯咖啡或者茶，当作某种鼓励。陈诚的这些工作习惯，同一个组的成员其实都知道，小枫因为情愫暗生而对陈诚的这些行为做了特别的解释，她认为陈诚待她不同，或许是喜欢上了她。

在人生的某个阶段，我们会特别敏感，对外界的善意格外留心。这个时期往往是青春时的迷茫时期或者工作之初的历练时期，因为这些时期出现的困境远超于平常的数倍以上，所以我们会不自觉地放大所依赖的人的优点，有时候甚至想当然地认为，对方或许喜欢上了自己，期待着可以和对方更深入地交往，希望自己成为他的恋人。

这种微妙的心理被称为被爱妄想。有被爱妄想的人会陷入和另一个人（通常有较高的社会地位）谈恋爱的妄想之中。这种妄想只是一种空想，大多并没有实际的行动。所以有被爱妄想的人，会不自觉地想象自己与另一个人正在恋爱，而这种恋爱不过是自己脑海中的想象。

通常因为对方社会地位比较高，轻度的患者一般只会在心中翻来覆去地回放自己与心中投射对象的交往中的一些细节，但是妄想情结严重的人可能会深深地沉迷其中而不能自拔，进而产生一种心理依赖，从而失去现实生活的根基。

有些时候，有被爱妄想情结的人产生错觉的对象极少或根本没有和他本人有所接触，他自己却相信自己和对方已经有了虚构的发展。也就是说，有被爱妄想情结的人产生错觉的对象不一定是在自己生活中真实存在的人，也有可能是受欢迎的歌手、演员等在媒体上活跃的大众人物。

曾经，歌迷杨丽娟疯狂地迷恋刘德华，在脑海中幻想着见到偶像后发生的故事，于是她不上学、不见人，整天沉醉在自己的幻想之中，为了见到自己心心念念的人，最终酿成了家庭悲剧，这其实就是被爱妄想症中最经典的案例。陷入被爱妄想症的人病情严重时，还会对自己的幻想对象进行跟踪或骚扰。

被爱妄想的主要表现是妄想，所以我们不能简单地认为靠自己的心理调节能够自愈。它是一种心理疾病，如果情况已经严重影响了生活，那么就要到正规的心理医院进行咨询或者治疗。家人也不要大惊小怪，觉得这样有损颜面，我们要正确地看待在某个阶段出现的心理问题，给予患者足够的信任和支持，帮助他们走出困境。

2. 我在等着别人来爱我

小许是一个文静的女孩，平时喜欢宅在家里，结交的朋友不多，年龄渐长，可是没有谈过一次恋爱。要好的闺蜜希望她多出去，多认识朋友，这样才有可能找到自己的心仪对象。小许说："铁凝快要成为老姑娘的时候，见到了冰心，冰心让她不要找，要等。"小许的闺蜜说："哎呀，不是我打击你。你可不是铁凝，而且你也得看处在什么年代，不能活在自己的世界里等着别人来爱。"

是的，如果我们一味固守原来的婚嫁观念，等待着别人来爱自己，只会让自己陷入更被动的处境中。现代社会，每一个人都积极主动，生怕自己处在被动的位置，因为这样会错失良机。等待别人来爱自己，就是不作为、放弃自己的表现。这是一种消极的生活状态，让自己无法争取到想要的伴侣和生活。等待是一种美丽的无奈，幸福的爱情是需要寻找的！

如果一直处在等待的状态，不积极寻找，只等着别人把爱的机会主动给你，那你可能一辈子都没有机会得到自己想要的。把希望放在别人身上，忘记了自己才是命运机会的主宰，这显得荒谬可笑。

此外，一个在原地等待的人，其内心是焦虑、慌乱的，处在茫然的状态中。同时，因为他没有与人相处的经验，往往在付出了一部分情感之后，就会觉得自己理所当然地会得到某些回报。可惜，其他人未必能了解他的期待，未必能够明白他的意图。于是在等待又等待之后，他深深地受了伤，深深地失望了。

一个经常处在等待状态的人慢慢地变得对世界消极，甚至会变得偏激。他会想：“我对世界充满了爱意，结果获得的却是世界的恶意。”其实每一个人都充满着对他人的慈悲，也会对别人的善意做出本能的饱含爱意的举动。只不过，有时候我们也怕会错意不是？

我们想要得到爱，首先自己心中就要有足够的爱，就像银行的存款一样，自己本来就余额不足，其实是没有能力给别人爱的。所以在平时，我们就要锻炼自己爱的能力。爱的能力不是等待就能获取的，必须通过与人交往，从观察和历练中积累而来。

光是等待，没有其他的作为，怎么可能赢得真正的爱情呢？我们说，深爱一个人会醉，恨一个人会心碎，最痛苦的是等待。时光不再，人事更改，要知道有些人错过了，就再也不会回来。所以，等待和犹豫是这世界上最无情的杀手，世上的爱情，没有几份真的经得起等待！

爱情本来就是一种很微妙的感觉，时聚时散，它犹如天上的白云，飘飘荡荡。我们怎么能只等待爱情的降临，而没有任何积极的作为呢？我们要学会沟通，要学会把自己的所思所想告诉对方。如果一味地等待，很容易让对方产生误解。当然，如果爱到刻骨铭心，时间或许可以证明你们的感情。可是更多的时候，感觉和缘分是等不来的，那种默契没有在朝夕相对中培养，怎么都不可能有。

未来有多远，在这瞬息万变的世界里很难说得清楚。我们能做的唯有把握现在，变消极为积极，变被动为主动，争取自己想要的爱情。时间会改变一切，爱情要靠自己经营。

等待听起来是一件很美妙的事，但是在实际生活中，如果没有极其强大的耐心和定力，很多时候还是无法得到你想要的。比如，你在等待的过程中熬不住寂寞，熬不住孤独，熬不住艰辛，中途改变了。那么，你就有可能放弃标准，随便找个人将就，结果你所得到的必然不是你想要的。我们在生活中经常看到这样的案例：因为之前对爱情有很高的期待，没有抓住好的时机，找到自己喜欢的人，结果在父母或者亲友的安排之下仓促结婚，导致了一系列的婚姻问题。

等待并不是赢得爱情、获取幸福的好办法。当然，我们在积极为自己寻找爱情、寻找爱人的路途上，也要戒骄戒躁，用一颗平常心去面对。毕竟，爱情也是一种缘分。在努力过后，用一种顺其自然的心态面对才是最好的方式。

3. 恋人总不是我想象的样子：分手病

李妍通过别人介绍认识了自己现在的男友张毅，张毅很帅气，性格阳光。他们俩关系发展非常迅速，过了两个月就同居了。后来李妍在生活中才发现，张毅并不是自己喜欢的那种类型：张毅生活没有规律，喜欢玩游戏，经常玩到三更半夜，作息很混乱。

后来李妍提出了分手，可是张毅不肯。张毅觉得两人相处得挺好的，这些生活中的事情可以通过进一步的磨合改善。李妍还是不乐意，就觉得张毅不是自己要找的那个良人。李妍的朋友忍不住相劝，你一直要找自己想要的爱情，可是哪一任男友后来不是因为你发觉与自己想象的不同而跟他们分手？

李妍意识到自己频繁地与男友分手，的确是因为自己一直在找一份完美的爱情。其实，每个人在不同的场合自然有不同的样子，总体上的行为方式就是一个人的性格特征。有时候，为了在感情上少走弯路，一些对自己认识比较深刻的人就会在心中勾勒理想对象，但是他们也清楚，所谓理想的对象都是想象出来的，我们很难遇到那个完全符合自己想象的对象。

有人认为人们在爱情中会为了对方做相应的改变，如果他爱我就会变成我想要的样子，这样的想法真是强人所难。两个人相处，不应该是挑剔，更多的应该是迁就、理解和包容！迁就你的一些小习惯、理解你的一些小怪癖、包容你的一些小脾气，双方都应该如此。我们不能以爱的名义，要求别人做出难以接受的事情。

女生在爱情的角色当中，很容易理想化，也甘愿为对方做出很多的改变。比如，男朋友喜欢长发，你就将帅气的短发留长；男友喜欢你穿裙子，你就将心爱的牛仔裤收起；男友喜欢安静、恬淡的性格，你就从活泼的女孩子变成了安静的乖乖女。可是，在这么多的改变之后，这还是本来的你吗？这是你自己喜欢的自己吗？

万一这段恋爱不成功，我们再遇到另外一个人，而他喜欢的却是另一个样子，那么我们是不是还要继续调整、改变，只为留住他的心？为了爱情，我们变成另外一个人，这样导致的问题更多。爱情从来都不是谁想象中的模样，如果你的恋人对你百般挑剔，想让你成为他心目中的理想型时，请对他潇洒地说，这就是我，要么爱这样的我，要么就去寻找合乎你标准的人。

两人相处，如果总是努力地迎合对方，不知道自己又说了哪句话影响了他的心情，又做了什么他不喜欢的事情，慢慢开始没有自信，做什么都担心，这样诚惶诚恐的恋爱关系又怎么能持久呢？为了维系一段爱情，真的要如此委屈自己吗？

其实两个人相处，经过了磨合阶段之后，性格和脾气多少都会有些改变。这种改变是在不知不觉中产生的，不是在那种一言不合就挑剔要求改变的氛围中形成的。我们如果想要改变，当然可以，但是要发自内心地想要自己改变，而不是为了对方，为了爱而被迫改变。

他喜欢短发，你觉得换一个发型看看自己的新形象也可以；他喜欢裙子，你觉得改变一下风格也很好；你在公司位居高管，却为了孩子和家庭做起全职太太，这些都完全可以。你的行为只要是因为自己喜欢而去做的就没有问题，因为无论做什么都是自己的决定，这个过程是愉悦的，是心之所向的。

小 S 曾经写过一篇文章，里面提到两个人相识之初，她很想为老公做顿饭。小 S 做足了准备，购买了新鲜的食材，查阅了大师的菜谱，她手忙脚乱、狼狈不堪却失败了，最终情绪崩溃。最后，他们还是出去吃了一顿美食，心情却异常好！她说，取悦别人之前，请先取悦自己！只有当你从心里感到高兴，才会有好的情绪去感染身边的人！

经历了那件事情之后，现在的小 S 经常在微博上晒自己的厨艺。不过，你可不要觉得她是为了爱而改变，这只不过是她真正适应了人妻的角色，真心地想要学做美食为家人煲汤。这是她发自内心的需要，是她主动的选择。

万物皆有变，每个人都在不断地进步。我们会在不同的人生阶段有不同的心境，做不同的取舍，当然也会有不同的改变。这样，我们会不断地成熟，不断地完善，或许某一天真的成为某个人的理想对象。但是驱动改变的行为背后不是为了别人去做，而是自己想做。

所以，我们不应该一开始就对自己喜欢的人、爱自己的人做各种限定和要求，不要急于质问对方为什么没能做到。当你们的爱情进展到一定程度，自然而然就会发生一些改变。如果爱人想要我们改变既有的成长轨迹，打破我们的成长节奏，而不是爱着我们的每个阶段，陪着我们一起去成长，陪着我们一起去经历，那这样的爱情也不值得珍惜和挽留。

“分手”这个词说多了就容易变成真的，所以，如果你没有真正想好，就不要轻易把“分手”说出口

4. 爱他，更要爱自己

网友小桔子毕业后去了某市青少年舞蹈培训中心当老师。小桔子模样姣好、身材苗条，市里的许多优秀青年都曾追求过她，可她却偏偏对培训中心的一个副主管产生了深深的感情。副主管是一个比她大 14 岁的有妇之夫。副主管因为和妻子感情不和，下班后常常留在培训中心，迟迟不愿回家，而小桔子因为初来乍到，一时之间没找到住处，就暂住培训中心舞蹈室隔壁的一间简易的宿舍里。时间长了，两个人的接触也就越来越多。

孤男寡女在一起聊天，开始还只是一般的家常话，时间一久，深入的交流逐渐增多，一来二去，两人的感情便慢慢发生了变化。小桔子的单身宿舍逐渐变成了两人的约会之地，副主管经常深更半夜才往家走。有一次两人在一起的时间太久，一觉睡醒，天已大亮，一两个上班来得早的年轻人看见副主管从小桔子宿舍里出来。

由于青少年培训中心服务的对象都是孩子，因此大家对这样的事情比较敏感。正所谓“好事不出门，坏事传千里”，消息很快就传到副主管老婆耳朵里。他老婆找上门来，闹得单位乌烟瘴气。

为了维护自己的名誉，副主管央求小桔子辞职，他说：“同在一个单位忌讳很多。在这个城市，我有一定的人脉，我马上给你找工作。这样更好，我俩不在一个单位，方便我们的感情发展。”小桔子来到异乡，最亲近的人就是副主管，她觉得自己爱他就应该做出点牺牲，于是小桔子答应辞职，找了个小旅馆住下来等他的消息。

结果一天天过去，身上的积蓄花完了，小桔子也没有等来副主管为她安排工作的消息。而且副主管来的次数也越来越少了，后来干脆换了手机号，再也没有出现。小桔子为了守护自己的爱情，丢了工作，也丢了年轻人积极向上的激情。

因为这次伤害，小桔子没有了以前自信、开朗的性格，工作也很不上心，生活得过且过。在爱情里，一个女人错爱他人，很容易完全失去自我，当彻底放弃自己的时候，悲剧也就发生了。

在爱情中，女人爱别人更要爱自己，不能只想找一个宠爱自己的男人，不顾长远。有些感情，原本很单纯，后来却越谈越麻烦。爱别人的前提是爱自己，将自己视若珍宝。有人爱你，偶尔对你百依百顺，却很难做到一辈子都珍惜。所以，我们最需要做的是爱自己。

说实在的，为了爱我们常常会迷失自己。有一些人甚至会为了所谓的爱情，不顾家庭、不顾事业、不顾孩子、不顾道德观，从一个男人的身边跑向另一个男人。

这个时候，我们往往忘记了爱自己，忘记了要让自己有尊严，忘记了要让自己得体、美丽，忘记了要有自己的生活。我们总觉得那个男人就是自己一生中最终的、最合适的、最无悔的选择。其实，那时候我们都忘了爱自己才是一生中最终的、最合适的选择。

一个人忘了爱自己，就容易因为爱上别人而伤害自己。像小桔子，她如果爱自己，就知道介入别人的感情最终吃苦的多半是自己，那么她就不会以爱之名堂而皇之地和一个已婚男人纠缠。

爱别人是件易事，而爱自己却是件难事。因为我们内心的胆怯，总是期待别人给自己关爱，所以我们愿意躲进爱情里祈求那片刻的欢愉。爱自己很难，这意味着你要独立、自强、努力，你要通过各种方式去发现自己并且关爱自己，这样的过程肯定比找一个爱人撒个娇，获得拥抱要难多了。

爱别人和爱自己其实是密不可分的。一个爱自己的人，情商往往比较高，沟通能力比较强，遇事也容易冷静下来，找到解决的方案。那种一旦获得一点关怀和温暖就忘却了自己的人比较情绪化，对社会的认知也不全面，当他从一段感情中脱离的时候，如果没有得到合适的方法开解，就会伤害自己，或者伤害别人。

我们的爱想要更健康，首先就要爱自己，然后才是爱别人，在爱别人的同时更要爱自己。

你是什么样子，爱情中保持自己的样子就够了，刻意做太多的改变，结果往往适得其反

第六章

要荷尔蒙还是柏拉图

1. 做出承诺需要勇气

恋人们相爱的时候喜欢问：“你会永远爱着我吗？”有些人会两眼一闭，立马表态——“会呀！”我们明明知道那是不可能的事，那是恋爱中的情话，但是仍然会相信。等两个人了解越多、越深入，我们就希望对方能真正地给出承诺，打算什么时候见家人，打算在哪里买房，打算怎么建设两人的家庭，打算什么时候结婚。

佳宁和男友从大学开始相识、相爱、相知，毕业后他们共同打拼，度过了人生最美好也是最灿烂的 6 年时间。佳宁和男友的工作稳定下来了，她旁敲侧击地说谁谁打算买房结婚了，谁谁准备过年回家见父母了，可是每一次佳宁的男友就好像没听到似的，没有做出任何反应。

佳宁有点心灰意冷，觉得这份爱情是不是没有什么保障。可是她的男友平时对她体贴入微、呵护有加，佳宁在生活或者工作中遇到的大小事情，他都会鼎力相助，毫不迟疑。佳宁就不明白了，为什么两人不能好好地聊聊关于未来的事情呢？不错，她想要一个承诺，哪怕这个等待爱情结果的时间有些漫长，可是毕竟有了承诺就有了共识，才能让人心甘情愿地继续，而现在的状况，让佳宁很难理解。

有人说，爱情由三个要素组成：亲密、激情与承诺。如果你没有同时具备这三要素，那你就没有体验到爱。在这三个要素中，承诺并不会随着亲密和激情的递进而产生，只有有勇气的人才会给对方做出承诺。这种承诺是决心，是在一段恋爱关系中的一个人愿意为这段关系贴上恋爱标签，做出必要的许诺来维持这段关系的体现。

如果一段感情只有亲近感、联系感和结合感，但没有激情，也就是说没有性唤起，也没有维持这段关系的承诺，这就是喜欢。大多数典型的友谊中，都存在着这种感情。痴迷的爱，也就是一见钟情。相互不认识，也从未分享过任何秘密，没法界定关系，并未感受到亲密，对未来也没有承诺，只有当下的相互吸引，且充满激情，感受到性唤起，这就是迷恋。而没有亲密感，也没有性唤起，却要维持这段关系，要求始终对此负责，这就更像包办的婚姻了。

在爱情中，每一种要素都是不可少的。准确地说，承诺在爱情中不仅是重要的，而且是必要的！没有承诺的爱情说不上是爱情，当然，这是针对真爱来说的，虚情假意打发时间的感情是不需要承诺的。在虚假的感情中，承诺只是骗子用来掩饰的幌子。

生活中也有不少负面例子。离婚很大一部分的原因是承诺的破裂，每个人在婚姻长跑中都会有各自维持的方法，但是如果他们不想继续了，就会选择退出比赛，这是我们经常看到的情况。选择开始一段感情，即使我们知道自己不能保证感情可以天长地久，可是我们依旧要承诺，因为这样就表明你有努力经营、设法继续的决心和勇气。

有了承诺的感情也不是一成不变的。所有的东西都会有变数，重点是在它变的时候，我们要想办法去维持它、改善它，阻止它向不好的方向发展，从而把我们的感情推上另一个阶段。这就是承诺的兑现！没有勇气争取幸福的人，是不敢做出任何承诺的。

佳宁的男友可能是觉得时机尚未成熟，可能是觉得自己现在还不能给佳宁带来幸福，但也可能是他根本没有考虑到两人的将来，无论原因是哪一种，都说明他没有勇气和佳宁携手面对未来的困难。两人相爱所要面临的挑战的确不少，但是既然选择了不放手，就要勇于做出承诺。

有承诺的爱情就像买了保险的车，会让同舟共济的双方的心中有一种踏实的满足感。虽然前路崎岖、奔波，但是无论发生什么，我们彼此承诺我们会一起努力，这就是爱情最奇妙的胜利。这种胜利需要我们付出勇气，不是时机也不是命运，而是承诺过的两人用自己的努力去争取，这也是爱情能够天长地久的秘诀。

2. 营造安全感，才能拒绝劣质的爱

璇姐和一个比她小 5 岁的帅小伙恋爱了。

两人相处一段时间之后，璇姐发现男朋友的异性缘很好，经常有女生和他联系。

璇姐问男朋友，他说："那是没见过面的朋友，别人给我发消息，我也不能不回复吧。"璇姐没有再细问，但是从那以后她有意增加了两人相处的时间，去见朋友的时候也是手拉着手去，宣誓自己的主权。

但是在内心深处，璇姐总觉得他们之间的关系还不是那么稳定。要说他们是情侣吧，平时的亲密互动也不多；要说他们不是情侣吧，可是他们的确见过了彼此的朋友，确定了关系。璇姐内心不踏实，觉得自己在这段感情中缺乏安全感。这不仅仅是两个人的年龄差距造成的，更多的是在两个人的互动中，她觉得缺乏安全感。

安全感的确是两性关系中一种很重要的心理感受。从本质上说，安全感是一种对可能性风险的预感，以及个体在应对处理时的无力感，主要表现为缺乏确定感和可控制感。事实上，你可以看到，它与我们自身的心理状态是密切相关的，并不能通过某种法律关系来赢得。

安全感这个话题比较复杂，而且据说“安全感”才是当今世界上最严重的“妇科病”。

如果我们做任何事情，都能抱着一种积极的心态去进行，表现出积极的、正面的、踏实的和稳定的心理感受，就会获得安全感和满足感。

通常大家认为，安全感需要自己满足，因为别人不可能细致入微地观察到你内心的需要，即使知道了也不一定会满足你。的确，我们最了解自己的内心感受，所以自己建立安全感很重要。一般来说，那些心理成熟的人更容易从外界获得安全感。

在面临相同的处境时，强大的个体，具有成熟、开放的性格，能正确地认识自己，认识他人，在与身边人的互动中容易获得满足感，容易获得自信。而自信的人更容易获得安全感，哪怕他面对恋人、好朋友或亲人的背叛和疏远，都可以一如既往地生活并保持着乐观、积极的心态。

但是每个人的个性不一样，不是所有的人都能拥有外向型的性格，而成熟的性格的确也需要时间的历练。很多时候男人都没有搞清楚一件事情，为什么女人总要求有安全感，我要怎样做她才会有安全感？

现在的都市女性看过了太多的悲欢离合，安全感似乎成了一种奢侈品。一个女人的幸福感往往与安全感是联系在一起的。所以，如果恋爱中的两个人能让对方有安全感，那么你的感情就成功了一大半。那么，我们怎样和恋人建立具有安全感的关系呢？可以从以下几个方面着手。

（1）给予关注。尊重对方的感受，不要无视对方的感受，越是忙碌越要给予对方关心。轻声的问候、临出门的叮嘱、回家前的嘱托，在日常的小事中体现这些关爱。

（2）相互尊重。不要嫌弃对方的事业、能力或者生活习惯。彼此认真地倾听，不要随随便便打断对方的倾诉，给予尊重，慢慢产生依赖的感觉。

（3）适当的肢体接触。亲密的肢体接触让人感觉踏实。人其实都有身体接触的欲望，男人女人都一样。掌心、怀抱的温暖能让彼此间的距离拉近。

（4）适时的嘘寒问暖。关心体贴能增进两人的情感，女人有时候容易产生情绪，她需要的只是一个能够诉说的对象，说完了就释放出来了，并不一定要求结果。尽量记住对方提过的人或者事，在他遇到困境时，给予最好的建议。

（5）家人、朋友的欣赏。如果能赢得彼此家人、朋友的欣赏，就能从中获得另外一种满足感。

（6）有运动爱好。有某种运动爱好，较容易找到情绪的出口，容易唤起心中的热情，使我们对生活充满信心。

（7）搞清楚和异性朋友的分界。无论男女，都应该有自己的朋友圈，但是玩暧昧的男人肯定是最让女人痛恨的。如果彼此的界线不清楚，那么总会有一方处在不安之中。我们应该让对方知道来往的朋友是谁，这样大家可以在信任的基础上互相给对方空间。

（8）适当的时候，要多说一些甜蜜的话。人总希望听到一些动听的话，听到让人愉悦的话会让彼此的心情舒服、放松，情绪稳定能带来安全、温馨的感觉。

3. 我的身体忠于你：精神出轨

李攀和她老公平时很恩爱，但是怀孕之后她发现自己很可能要面临婚姻危机了：老公跟女同事短信、电话来往频繁，因为去公司的路线相同，女同事经常约老公一起上下班。这样的情况大概持续了好几个月，被李攀发现后，她老公承诺和女同事保持距离。可是两人的感情还是出现了裂痕。

李攀即将生小孩的时候，又发现老公会开车送女同事回家。李攀怒斥自己的老公，逼问他原因。她老公说，两人根本没什么，只是平时联系多一些罢了，但是并没有实质的关系。李攀没有善罢甘休，因为她生产在即，老公害怕发生意外，只好再次保证不再联系。

李攀知道自己的老公精神开小差，但是也相信他没有实质性的出轨行为。因为那个女同事也是有夫之妇，那时候差不多和李攀同时怀孕，两人的孕期只差半个月。女同事生产后在家休了一年多的产假，李攀忙着照顾小孩的时候，女同事可能也忙着照顾小孩，她没发现两人再联系。

孩子快两岁的时候，李攀的老公说单位组织活动，必须去，但是不能带家属。后来李攀知道，老公骗了自己，其实是他们几个要好的同事自己开车去海边玩了一天，其中也有那个女同事。这成了两人日后吵架的导火索，有一次两人甚至因此大打出手。

后来不久，李攀老公单位真的组织旅游了，可以自愿分批去，他与那位关系暧昧的女同事是同一批去的。老公告诉李攀这只是巧合。结果回来的时候，李攀发现了他们搂在一起的照片。老公的解释是，在这么多人面前这样照相，恰恰说明没什么事情。

李攀坚决认为老公是精神出轨，而她老公则认为自己管住了自己的身体，没有做出违规的事情，李攀这样打闹很没有道理。两人又是一番争吵打闹，为了孩子，李攀的老公再次答应再也不单独联系女同事。

然而没多久，他们又在QQ上聊。李攀质问老公为什么答应好的事情做不到，她要求离婚。李攀的老公说，是由于李攀无理取闹，其实他之前的答应都是被逼的，是权宜之计。他一直强调，他们之间什么也没有，没有发生过关系，他很爱这个家，很爱李攀，从没想过不要家庭跟别人在一起。

李攀很痛苦，也无法再信任他，也做不到对他好。因为两个人相处的时候，李攀总会不由自主地分析他的行为、他的思想，管住了身体也没用，心不在算是爱吗？李攀的老公说，他不过是思想有点问题，不算什么。现在的社会出轨都很普遍，你不能为了这样的原因就让孩子跟着我们一起痛苦。

李攀一时之间也没拿定主意该怎么做。她觉得，世界上那么多精彩的事情都享受不过来，自己还在小情绪里挣扎，太浪费时间了，好像计较那么多也不应该。可是，想到自己的丈夫和另外一个女人谈情说爱，她又觉得难以忍受。

那么，李攀应该怎么做呢？

（1）解决这样的问题根本之道在于找回自我，她要明白自己才是真正给自己幸福的人。一个有自己人生目标的人，知道自己要什么，知道如何为自己的生命做些努力，这才是真正的幸福。所以，幸福不取决于能否嫁给一个完美的人，而是取决于自我的提升，我们要提升自己选择的能力，提升自己面对困难的能力，提升自己勇敢放弃伤害的能力。

（2）她不应总局限在自己原有的生活圈子里，这样就会对自己的老公关注程度过高，他觉得受到的限制太多，反而就会有往外了解、拓展的思想。她可以发展个人的社交圈子，和闺蜜喝喝茶、看看电影。如果可能的话，可以直接与那位女同事建立较紧密的联系甚至成为好友，了解他们的思想动态。当有了自己的空间，不再将老公当作唯一的焦点时，他的态度也可能会发生相应的变化。

(3) 她可以和自己的另一半建立共同的爱好，如果二人世界对他来说只是义务而不是乐趣，那么他的思想自然希望找到和他有共鸣的人。所以我们要积极寻找共同的兴趣爱好，找到交集和情感以外的共同话题。

(4) 要让小孩成为老公的关注重点，让他为家庭尽义务，忙碌的生活会让他没有时间注意其他的干扰。

爱情总要经历几个阶段：了解、信任、支持、提升和收获。只有相互了解，才能知道彼此需要什么，互相取得信任，并在信任的基础上互相给予支持，让彼此的人格得以提升。

我们不能简单地说管住了自己的身体，精神就可以任意放飞；我们也不能简单地说精神放飞了，这段爱情就不算了。生活就是生活，遇到了问题，我们总要一起面对，共同解决。

因为对方的存在让自己的生命更精彩，最终收获成熟、美好的爱情。所以，经历这几个阶段的爱情才是真正的爱，我们才更有信心面对将来的生活。

婚姻中总有很多诱惑，情感加上责任感，才能让一段婚姻走到终点

4. 我想看看围墙外的风景

刘昊和朋友合伙经营公司，经过了长时间的打拼，一切都顺风顺水。就在这个时候，他觉得自己的婚姻状态实在是太糟糕了，根本无法忍受。

刘昊和他的太太荣雪刚刚结婚的时候，两人的相处就一直是磕磕碰碰的，但是那时候自己忙着生意上的业务，而太太在外面工作挣的钱也很多，他觉得自己没有什么条件谈离婚。

荣雪很能干，不仅工作出色，而且在家中也是一把好手，将家里打理得井井有条，把刘昊的生活照顾得也很周到。其实，刘昊以前就喜欢被她照顾的感觉，喜欢她的能干、聪明。谈恋爱的时候，刘昊根本不用表示什么，荣雪就能知道他的心思。但是结婚后，刘昊觉得自己的太太又啰唆又强势。

他觉得太太喜欢抱怨，整天提出很多要求，催着他打拼，希望他的事业能够蒸蒸日上。孩子出生后，荣雪的脾气更坏，看到刘昊很少有好脸色，有时候一句话都不说，就带着孩子睡觉去了，刘昊只好一人在家看电视打发时光，觉得自己很孤独，觉得自己是多余的人。

荣雪之前掌管家中财务，对自己和家人都比较节俭，不懂浪漫，这让刘昊觉得生活没有意思。当他经济稳定之后，刘昊觉得自己不能再委屈自己，要追求独立、自由，要让自己的太太知道，自己不再是那个什么都要让她管、长不大的人了。

刘昊提出离婚时，荣雪快哭晕了。她一直认为，虽然两个人的婚姻很平淡，但是感情还算不错。一直以来，她为家庭和刘昊劳心费力，没想到竟然换来离婚的结果。

因为荣雪的父亲是有了外遇和她妈妈离婚的，所以她对自己的婚姻不是很自信。她知道和自己共度一生的并不一定是自己父亲那样的人，可是她还是希望男人顺从听话，这样她才有安全感。没想到荣雪掌控了生活中的所有，要求先生事事听从自己的意见，结果仍然难逃离婚的结局。

婚姻总是平淡多于激情。一开始，我们会认为彼此的相遇是命中注定，彼此的结合是天作之合。在共同生活一段时间之后，我们会发现彼此的关系与原来的想象相差很远。所有的关系不过是让彼此在悲伤、嫉妒和挫折中重新检视自己、发现自己。

那么是我们爱的人或者爱我们的人变了吗？原来悉心照顾自己的人变成了鸡毛蒜皮都要管的人；原来对所有事情都没有想法的人，开始对伴侣做的任何一个决定都产生怀疑；原来最欣赏的独立能干变成了独断专行、不讲理、不能接受别人的意见。

原来我们欣赏的所有优点，转眼间都变成了最让人无法忍受的缺点，这也是亲密关系中最特殊的地方。两个人因为关系的亲密无间，彼此过于熟悉，在没有任何防范的情况下，把内在最真实的部分在生活中袒露无遗。等各种矛盾积攒到一定程度的时候，我们就不愿意再停留在原地，希望到外面看看，重新寻找适合自己的灵魂伴侣。

亲密关系是人生中最困难的修行。遇到问题，有些人总希望通过逃避来解决，通过向外寻找其他的途径来解决，却不知道这可能只是一次试练、一次学习的机会。于是我们看到，很多人为了脱离目前这个让人不舒服的困境而选择离婚，他们把离婚当成了逃避痛苦的办法。

如果我们能明白，每一段关系中都隐含着需要学习的功课，自然就愿意让自己冷静下来，仔细观察问题内在的含义，理解自己在这种关系中所扮演的角色。我们的伴侣在婚前是经过选择的，当初的欣赏和喜欢，就是自己内心某种缺乏的投射。

结婚的时候，两人就曾立下誓言，要彼此帮助，彼此成长，那么我们发现问题的时候，首先要做的事是想尽办法去改善，而不是想着逃避、离婚，一走了之。因为，这个时候逃避需要面对的问题，不仅对改善现在的关系毫无帮助，反而会让自己失去应该学习和理解的机会。

因为我们在大多数的情况下内心总是欣赏同一类人，即使后来真的换了另外的人相爱，但他其实或多或少的还是具有前任的性格和素质。而如果我们尝试着一起面对，共同解决，那么即使婚姻内的问题没有得到解决，自我的觉察能力也会得到提高。

很多人用离婚来解决自己对婚姻长期的失望和不满，却从来没有尝试过通过沟通来解决问题。在彼此的互动中，要让对方清楚了解自己的内心感受，而不是一厢情愿地认为对方就是一个蛮不讲理的人，自己则一直委曲求全地过着苦闷的日子。

遇到问题，逃避、不去沟通，这样做不利于关系的改善，除了抱怨和不满，找不到任何修补关系的着力点。其实，我们应该为自己的逃避背负责任。将自我的感觉完全放在别人身上，让自己受制于人，在亲密关系中当然享受不到快乐。

有些女性经常抱怨自己的老公："他根本不着家，就喜欢往外跑，和他所谓的哥们儿吃吃喝喝。他根本不过问孩子成长中的任何事情，一叫他陪孩子玩，他就拉长了脸。"如果我们做出有益的沟通，表明孩子的成长是不可逆的，既然为人父母，我们就应该多陪伴，在陪伴中感受孩子成长的快乐，日后也会为自己的生活增添无穷的回忆，这样的沟通是不是比抱怨有效？

想要改善亲密关系，我们有责任观照自己的所思所想，如果丢弃改变的责任而只想着逃避，那么就是推卸责任。认真想一想，我们改变自己都如此困难，改变他人就更是一件难事。

所以与其走到离婚这一步，还不如从自己做起，养成观照的习惯，想清楚在婚姻里所想找到的圆满是否有可能实现？换一个人，我们拥有的关系是否就能顺畅？婚姻的长短并不代表什么，在婚姻关系中，我们学到的功课才更具有意义。

5. 最好的爱情是灵与肉的统一

悦悦外形很好，颜值高、气质出众。对于自身条件，悦悦是有点小骄傲的，所以找男朋友的时候，她对男友的条件要求也很高。经过多年的寻找，她终于找到了一位有才有貌的男友。男友对她一直言听计从，宠爱着她，想把世界上最好的东西和悦悦一起分享。

某一天，悦悦和她的男友闲聊："你爱我，还是爱我的相貌？"男友愣了一下，狐疑地看着她，过了一会儿说："当然是爱你了！"

"难道你不爱我的相貌？"悦悦继续发问。

"爱。不过是先爱你这个人，再爱相貌。"男友赶紧表态。

当你问一个男人"爱我还是爱相貌"的时候，就好像是一种警示。这种问题绝对会让你的男朋友觉得不安，要么是你想让他知道一些东西，要么是你自己不够自信。总之，这样的问题太有挑战性了。

这个看似简单的问题，根本没有必要去问。因为很多时候，绝大部分人的爱情和性是分不开的。

有人会把风流韵事和真正的爱情分开看待，但其实爱情是灵魂和肉体的结合。只要灵魂而不要性，或只要性而不要灵魂，都不算是真正的爱情。

多数人不能忍受毫无爱情的婚姻，两个人只有爱到不能分离的地步，才能走向婚姻。但无数的事例也证明，即使真爱的婚姻也不一定能白头到老，很多人也会因为婚后性生活的不和谐而离婚。

性不仅仅是生理需要，也是心理需要。人的本性是需要新鲜感和刺激的，在这点上说，婚姻未必是一个合理的制度。但人类的文明尚不足发明更合适的制度。那么结婚的人如何处理自己多元的性爱冲动呢？这个问题就像癌症一样困扰着人类。古今中外无数的哲学家、文人都不曾给出合理的答案。甚至有些人给出了偏激的回答，要么性泛滥、要么性捆绑。这些都无助于问题的解决。

爱情是一种很奇妙的感觉，有时复杂，有时简单。有时候，爱情是一个容器，有的人存储于其中的感情多些，有的人少些，如果不小心把爱情容器倒完，那么就再也找不到爱情的感觉了；有时候，爱情是一个肥皂泡，透明梦幻，却非常容易破裂；有时候，爱情仅仅就是一种感觉。爱上一个人，可能是因为他的笑容、他的头发、他的某一个动作或者他的一句话。感觉这东西很奇妙，只有你自己知道。

爱上这些感觉的时候，慢慢地，我们会发现对方更多的优点。其实，如果开始是因为爱情，那么后来即使贪恋身体也不重要。重要的是彼此在这过程中都快乐，快乐地想要相互拥有对方一辈子，携手走过漫长的人生道路。

人本身就是一种灵与肉的结合。只有灵魂，失去了真身的不是人；只有肉体没有灵魂的，也一样不是。所以我们爱着灵魂，也需要爱上肉体，爱上全部属于对方的东西。爱上“灵”或者爱上“肉”的先后顺序并不重要，重要的是在一起的日子里，彼此愿意倾注所有，将自己全部的精力放在一份感情之上。

可是在生活中，很多人会将这两者分开。只爱上肉体，个人的情感生活就显得空洞；只爱灵魂，生活好像建立在空中楼阁上，没有落到实处的痛快。无论哪一种都暗藏了很多的问题和冲突。

我们最好的爱情应该是灵与肉的结合，爱着对方的身体也爱着对方的灵魂。懂得发现对方不一样的特点和优点，或者在生活中发掘对方的与众不同，赋予灵与肉特殊的意义。

尽管世界上有无数朵玫瑰花，但总有那么一朵，对我们而言是独一无二的

6. 责任与情感并不矛盾

刚来公司的菲菲谈恋爱了，对象是运营部门的一个同事徐宏。徐宏长得很帅，而且很幽默，经常逗得身边的人哈哈大笑，因此，他很受女孩子的欢迎。因自身的条件较好，徐宏经常换女朋友。菲菲在茶水间里听到过不少关于他的传言，可是当徐宏邀请她共进晚餐的时候，她还是忍不住地同意了，开始了这场飞蛾扑火似的爱情。

徐宏和菲菲交往期间，当然还没有放弃发挥自己的“特长”，经常买杯奶茶都会认识一两个美女。菲菲很头疼，可是又舍不得离开他，于是，她试着问徐宏：“你爱我吗？”

徐宏眼睛都不眨直接说：“当然。”菲菲说：“既然爱，请你尊重我的感受，请你以认真的态度对待这份感情。”徐宏说：“对待爱情我一向很认真，你是我女朋友，我没否认。如果你觉得不合适我们就分开吧！”

他们两个人对待爱情的观点完全不同，菲菲不知道该怎样继续这样的话题。爱情是人类最美好的情感之一，尽管可能人人向往，但有些人却将它视作一场游戏。爱情以爱作为基础，需要彼此诚挚地对待，它是情感和责任的统一。

爱情需要两个人的信任、理解和包容，不管发生什么样的事情，都必须考虑到对方的处境及感受，要站在对方的角度考虑问题，这样才是真正的爱对方。如果双方都能做到这一点的话，恋人间的很多问题都可以得到解决，相处也会和谐愉悦，白头到老才不会变成一句空谈。

爱情不能光讲情感而不讲责任，我们的爱只有和责任连在一起才可以永久。但是在爱情中很多人是看不见自己的局限的，所以现在的离婚率很高。

李敖说“唯有恋得短暂，才能爱得永恒”。两个人开始相爱的日子是“恋”，两个人之间的情感在相处过程中慢慢升华之后才是“爱”，爱是有责任的。恋很短暂，但是恋得好就会爱得永恒，这就是爱情中的情感与责任。

不论爱情存在于谁身上，不论这个人是谁，我们的爱情一定要与责任挂钩。相爱是美好的事情，光有冲动的情感难以持续，必须要和责任相统一，这样才能让我们的爱情保鲜。

由爱情转变为婚姻，情感在其次，责任在其首，责任如果不存在于婚姻中，人们就完全没有束缚了，婚姻也就变成了游戏。夫妻之间其实除了爱情之外，又增加了特别深厚的亲情。这时候两个人要是想分开，就不能只想着自己的爱情了。爱情背后更多的是亲情，更多的是责任，是对家庭的担当……

就爱情的快乐来说，有的人追求的只是相爱过程中的那份甜蜜、那份美好，他们只想得到在爱情还没有变质、没有进入婚姻之前的感觉。这样的感情是不负责任的，最终也是短暂的。有些人为了保存爱情的新鲜感，在两个人感情结束前就停止爱情，使双方记忆中永远保持的都是相爱的美好，而不是天长地久的相守。这样的爱情是不真实的，这也绝对不能称之为爱。

如果真的爱一个人，是愿意和他一起相守，去承担来自婚姻、家庭的共同责任的。这样的爱无论何时何地都能保持初心，因为这份爱里面注入了责任。

还有些人说爱情是有保质期的，过了保质期爱情就不存在了。爱情的保质期是在两个人刚刚开始相爱的时候，也就是说，是两个人在不是很了解的情况下，互相吸引。这种吸引产生了很多美好。

而这种现象与感觉随着两个人的接触、恋爱，共同生活时间的变长而逐渐转淡，相爱的时间长了，爱情就像一张五彩斑斓的图画，风吹日晒之后变成一张白纸，失去了光彩。而人又是喜欢过多姿多彩生活的，不能容忍自己生活中最大的调味剂——爱情——变得如此无聊，所以现代的爱情故事多以浪漫开头，以惨烈的结局收场。

爱情过期，我们可以用亲情保鲜起来，亲情一辈子都不会过期。我们可以把感情封存起来，用责任绵延一辈子。所以，在决定和对方成为情侣之前，双方都应该经过深思熟虑后再做决定。即使两人相爱，如果不能为对方负责，还是让最初的心动化成朋友的关心最好，这样不用担心伤害彼此。

第七章

你的爱情观需要拯救

1. 我总觉得他不够爱我：感情完美主义者

我们经常会遇到一些男性友人抱怨：我的女友太难伺候了。我去接她下班，因为有事在路上耽搁了一会儿，让她等了 5 分钟左右，她就不高兴了。哪怕当时马上赔礼道歉，陪她吃了一顿大餐，哄得她暂时高兴了，可回到家中，女朋友却又哭了。她说我不够爱她，如果爱她的话绝对不会让她等那么久。甚至还要我写保证书，保证以后绝对不会再犯同样的错误。至于吗？还要写保证书！这不是生活中经常发生的事吗？而且我已经赔礼道歉了，她还这么得理不饶人！

可是这样还不够，女朋友还会继续说，她付出了百分之百的感情，而我对她付出的却最多只有百分之八十。她还会继续唠叨说，她要的是完完整整的感情，不能有任何分心。她说她是完美主义者，情感上也有洁癖，然后总会因为这件事哭。

有些人看到这儿的时候，可能会忍不住笑出声来，因为很多人的女朋友也是这样。

除了这一类女朋友，其实生活中还有很多人也是完美主义者。有些人甚至会因为没有修改PPT中原本可以改正的某一个错别字或某一个标点符号而抓狂。

遇到这些“龟毛”的人时，人们往往会将原因归结于这些人出生时的星座属性；当然更靠谱一些的做法是去翻看书籍，在书里面找原因。而书籍告诉我们，这样的完美主义者，其实是患有一种轻微的强迫症。

生活中的完美主义者大多活得不快乐，他们总是和自己较真，对待他人要求也很高，哪怕是丝毫细节的不满意，不管费多大的力气也得把事情处理到让自己满意了才行。而实际上，在生活中，如果能放弃对完美主义的坚持，允许自己或他人犯一些无伤大雅的小错，其实能活得更轻松如意些。

当然，有些人在其他方面也是可以降低要求的，只是一遇到了爱情，就会变成一个完美主义者，容不得其中的一丁点儿瑕疵。

我们不能容忍对方的欺骗，不能接受男友和前女友还有联系，不满他不再像以前那样对自己处处呵护……面对这些不完美，我们甚至还会产生疑问和心理暗示：他是不是不够爱我？于是，我们就陷入纠结、矛盾了。当对方的行为和我们所期许的不同时，我们会生气，而一旦遭遇爱情中的欺骗甚至被抛弃，伤害就会被放大数倍。

完美主义者活得很累。因为所谓“完美的爱”在现实中不可能存在。如果我们对自己的恋人凡事要求完美，要求他为我们百分之百地付出，难免会让人觉得心累。除了生活工作，如果感情经营也这么累人，那我们就会觉得自己生活得很艰苦。

在恋爱当中追求完美主义，最后十之八九会以悲剧收场。因为以完美主义的要求来衡量对方，必将导致这一段关系无法正常发展。其实生活中的完美主义者很多，即使他们自己并不承认这一点，而这也恰恰就是人性弱点的体现：我们明明很清楚自己的行为不对，但总是无法控制自己，非要沿袭原来的模式和习惯。

完美主义其实是虚幻的另一个代名词。世界上本来就没有完美的东西，就算是科学领域的公理、定理，也必须在某种假设或前提下，才是正确的。“完美”就是一个乌托邦式的假想，一个总是追求完美的完美主义者，总会对很多事物感到不满，他们的眼中总会看到瑕疵，总能找到必须改变的理由。

其实，每个人在自己的感情世界里都会有个底线，如果对方的行为没有触碰到我们的底线，比如，对方没有犯道德伦理上的错误，没有打着爱的旗号另有所图，那么这种不完美就还在可以接受的范围之内。

而对于那些爱情完美主义者来说，要想获得幸福，就要学会加强与外界和他人的沟通，学会多角度、多维度地看待问题，不要只局限在自己的世界和观念中，要有意识地强迫自己放弃对爱情和对方过高的要求。

2. 等白马王子娶我：公主病

李森是家中的独女，从小在家人的呵护下长大，父母也总是把最好的东西给她。李森在谈恋爱时对自己男朋友的要求也很高，既要长得帅、有才华，经济条件也要好。此外，李森特别喜欢别人宠着她。她要求自己的男友必须是个暖男，能时时刻刻关注她心情的变化，她要是不高兴，或者发生什么不愉快的事情了，男友要第一时间关心她、呵护她。

经过千挑万选，李森还真找到了一位合意的男友。刚开始谈恋爱的时候，男孩子肯定会有诸多的迁就忍让，后来就发现她的某些行为有些过分了。李森认为爱她就要时刻对她好，要时刻心里想着她。如果不开心时男朋友不去哄她，她就会暴跳如雷，指责对方不配当自己的男友。打电话的时候，必须她先挂断，如果男友先挂她就会生气，说男友不在意她，因为她不希望听到被挂掉电话的冷冰冰的声音。

李淼希望自己的男友每个月能给自己买一个名牌包或者一件名牌首饰，这样才能让她感受到实实在在的关爱，但是又不希望他整天加班忙碌，没有时间陪她。男友受不了她这样的性情，觉得她的爱很狭隘，一点点小事也要自己去关心她，而她根本不在乎自己面临的具体情况。在男友看来，李淼是得了公主病。

最近几年，“公主病”好像忽然在年轻女孩当中流行了起来。它指一些自信心过于强盛，要求获得公主般待遇的女性。因为她们从小在家人的呵护、伺候中长大，所以对他人产生了严重的依赖心理。这种心理逐渐发展就演变成了某种病态，要求别人对待她的时候必须小心呵护、全力奉献，就像对待公主一样。

患有“公主病”的女孩几乎都会对自己的男友有诸多挑剔。她们希望找到真正的“白马王子”——她们的男友要相貌英俊，有车、有钱、有房，还要浪漫。只有达到这些标准，才会被她们认可。她们认为选男朋友和选衣服是一个道理，要看上去有面子，所以用尽心机追求“名牌”。

另外，得“公主病”的女孩通常很骄纵，希望在任何时候、任何场合都能获得公主般的待遇。她们有明显的自恋倾向，心理年龄偏小，对自我评价失衡。有时候，她们会超过现实放大自己的优势，觉得自己家世好、样貌佳，大家都应该以她为中心，围着她转。

得“公主病”的女孩，意志力和耐受力会比常人弱很多，遇到问题，很少从自己身上找原因，而往往会认为是别人造成的。这类女孩遇到困难时除了抱怨就是选择逃避，做错了事还希望别人为自己埋单。

有一些女孩因依赖于父母长期的照顾而动手能力差，眼高手低，缺乏责任感，不仅控制自己情绪的能力弱，也不懂得照顾他人的情绪，所以总是造成人际关系紧张。她们很懒惰，别人的事情别人做，自己的事情也让别人做。她们很娇气，让男人客串力工帮她拿东西都是家常便饭，就连散步累了也要让人背。“公主病”女孩往往很奢侈，她们出门绝对不肯乘公交车，出门要么打车，要么坐私家车。而且这类女孩狂爱名牌，认为刷爆信用卡，由“白马王子”代为还清是天经地义的。正因如此，这类女孩很难适应社会环境，在工作、恋爱和婚姻中的问题多多。

即便将自己幻想成公主，也未必真有“白马王子”来爱她，因为不会有人会喜欢浑身“公主病”的假公主。所以患上“公主病”的女孩，必须及时地醒悟过来，不要活在自己的世界里，要不然就会处处碰壁。

“公主病”女孩首先要正视自身存在的问题，端正对自己的认识，不能继续陷在“我就是世界中心”的认知当中。其次，要懂得感恩。要懂得关心为自己服务或者奉献的人，并心怀感激。再次，要有同理心。遇到事情，多站在别人的角度看问题，不能只要求别人体察自己的内心感受，也要多关注别人的情绪反应。最后，不要过分要求对方提供奢华的生活条件。无论原来生活在高处还是低处，都要懂得接地气。

现实中没有“南瓜马车”，没有“白马王子”，只有平淡相守的幸福

3. 如果爱，请认真爱

有一个比潇潇大十几岁的男人对她很好，男人风度翩翩、成熟稳重，对潇潇照顾得无微不至，潇潇觉得自己难以招架。

后来，潇潇和这个男人在一起了。可是她很潇洒地对外宣称，自己不过是贪图对方手中的资源，爱他的钱，其他的事情不用过于在意。尽管如此，在平时的相处中，还是能看到她为这个男人心花怒放，为了这个男人难以入眠，为这个男人吃飞醋等一系列只会发生在恋爱中男女身上的事情。

大家心中生疑，这到底是一场爱情还是一场交易？其实真正的爱情是没有任何界限的，无关年纪和国籍，最重要的是合拍。任何年纪都需要爱情，任何人都渴望爱情。其他的不重要，最重要的是两个人一开始对爱情的态度是端正的，打算认真相爱。

如果爱，就要好好爱一场，在相处过程中的每个细节都是真诚的。即便哪一天分开，日后想起来，也会余味无穷。真正的爱情，必然要经历时间的考验。为什么呢？

因为彼此真诚以待，用心关注对方，在日积月累中沉淀了深厚的感情，这样认真的态度当然能演变成一种细水长流式的爱情了。真正的缘分，也许不是上天的安排，而是源于你的主动。为什么会主动呢？因为你会用行动去证明自己，哪怕自己不优秀，但仍然会努力让对方看见。

我们常常会说，感情是一场游戏，谁认真谁就输了。想想我们经历过的那些感情，没有认真地对待，最后结束的时候都充满了遗憾。也有人说，太认真了最后肯定会受伤。难道以游戏的态度面对爱情，就不会受伤了吗？

时间会告诉我们真相。有些事情，要等到我们成熟之后，才明白当初没有用尽全力爱对方是一个错误。有些东西，我们学会认真对待了，也会在某一种时刻恍然大悟：原来自己还有这样的缺点，原来自己还可以做得更好。

在生活当中，有不少的人因为寂寞，因为孤单，因为家庭，因为被别人看不起，而随便找一个人恋爱。有一句很流行的话是这么说的：

"我们总是随意相爱，认真孤独。"因为相爱得太容易、太随便，根本不是出于内心真正的喜欢，所以两个人相处都由着自己的性子，不懂得珍惜，不懂得为对方考虑，导致两个人的恋爱生活矛盾丛生，爱情最终只能成为过去式。但是人到底还是感情动物，虽然一开始并不喜欢，但是在相处过程中投入了感情，最后却造成彼此互相伤害，这才是令人痛苦的事情。

无论如何，爱情只是人生的一部分，我们的人生不是为了消遣存在的。我们的价值无论在爱情方面，还是在事业方面都是靠认真来实现的。那种为了摆脱单身而恋爱，或者为了其他目的而恋爱的想法都是错误的。我们都渴望圆满的爱情，只有认真对待感情的人最后才能收获自己想要的硕果。

请认真地相爱。遇到爱情，就要用真实的自己，用力去爱。如果我们不认真地去爱，也许没有人会责怪我们，但最后留给岁月满满的遗憾，那才是最痛的。所以，能牵手的时候，请别肩并肩；能拥抱的时候，请别手牵手；能相爱的时候，请别说分开。拥有了爱情，就请认真地相爱。

婚姻是两个人给彼此的承诺，承诺一生与对方相守，照顾着彼此，平凡地生活

4. 学会换位思考，才能真正爱人

看过这样一则小笑话。妻子正在厨房忙碌地炒菜，她的丈夫也站在旁边，但不是给她打下手，递个盐、拿个蒜瓣，而是一直在唠叨："慢些、小心！火太大了。你赶快把鱼翻过来，油放太多了！"妻子拿着锅铲，很想朝他的脑门上拍一拍，"我懂得怎样炒菜，不用你指手画脚，一直叨叨个不停。"丈夫点点头，告诉她："我也只是要让你知道，我在开车的时候，你在旁边喋喋不休，我的感觉如何……"

有人说，世上没有感同身受这么一回事，可是此情此景下的体会其实是相通的。爱人之间的相处需要一定的技巧，即使我们很爱对方，可是仍然很难变成他，去理解他的世界。如果我们想做到爱人如爱己，就要做到换位思考，凡事从对方身上出发，思考他的感受，理解他的情绪，也就是把对方换成自己。

换位思考是对自己爱人的尊重，有尊重这样的基础，就很容易体察到对方的困境和难题。没有尊重，心里就会对爱人产生嫌隙，不理解、不认同他的做法，有些时候还会采用吵架等过激的方式解决。

人与人之间的和睦相处也是建立在彼此尊重的基础上。恋人之间关系微妙，情绪波动不易掌控，所以必须做到实质上的相互尊重，这样才有意义。因为每一段爱情都会从激情走向平淡。开始时火花般的兴奋和激情，慢慢地变得温和平静，少了冲动，开始看清对方的缺点，也会为失去新鲜感而烦躁不安。如果没有对彼此的尊重，不能从对方的角度看问题、解决问题，新鲜感顿失之后产生的矛盾就很难处理。

美国电台对婚姻能持续 30 年以上的夫妇进行采访，他们发现当妻子感觉到不被爱的时候，通常回应的方式是不尊重她的丈夫。而当丈夫觉得不被尊重时，他回应的方式倾向于不向她表达爱。而且丈夫希望得到的尊重不是出于他做了什么，而是源于他本来的样子。

尊重是换位思考的前提，换位思考是一段关系能长久维系的必要因素。因为，它会给对方带来克服万难的信念。一位丈夫说，来自妻子的尊重和爱意，可以减少他对失败和不足的恐惧，更有勇气去面对生活中的挑战和困难。还有人这样解释换位思考的意义：“它就像在海上航行中助力的风，没有人比我的妻子更了解我，她对于我的尊重和理解就像是一个非常准确的晴雨表，会展现出我是如何工作，以及如何自信地面对困难的。”

《圣经》中说：“最要紧的是彼此切实相爱，因为爱能遮掩许多的罪。”所谓的切实相爱其实就是换位思考，让自己成为对方。如果我们心中有对爱人的浓情爱意，我们就能放下自己，站在对方的角度替对方着想，为对方考虑。

我们要爱上对方，就要学会从他的角度思考，这样你才可能真的爱上他。人都是爱自己的，但能否可以爱别人如同爱自己呢？很难。但是如果我们真正爱对方，就可以学会换位思考，理解对方，包容对方。

和换位思考类似的一些词汇，比如将心比心、设身处地，这些都是达成理解不可缺少的因素。它客观上要求我们将自己的内心世界，如情感体验、思维方式等与对方联系起来，站在对方的立场体验和思考问题，从而与对方在情感上得到沟通，为增进理解奠定基础。这既是一种理解，也是一种关爱！

如果我们不能站在对方的角度思考问题，不能换位思考，就很难在思想上与对方产生共鸣，在情感上增进理解。如果仅凭着一腔热情，仅凭着自己的意志和毅力来爱对方，那几乎是不可能的，即使能做到一时，也不能做到一生。

换位思考还必须有毫无保留的信任。即使做不到完全信任，双方也要有一定程度的信任。只有信任对方，我们才会愿意把自己当作对方，放下成见，坦诚相对，共同面对生活中的风风雨雨。

换位思考，虽然简单地说就是要站在对方的角度考虑问题，但是如果没有尊重、没有信任、没有同理心就很难做到。

第八章

我们都一样，曾经被伤害

1. 我感觉嫁了一个假老公

陈薇薇和相爱多年的男友结婚了，她的老公工作很忙，经常不能按时下班，遇到特殊情况还不能回家。陈薇薇好不容易等到他回来，想去散步，他说外面冷，一直窝在床上看电视。可是他兄弟一个电话，不管多晚多冷，哪怕外面下刀子他都要出去。

不久后薇薇怀孕了，晚上饿了让老公煮点东西吃，他就说叫外卖吧。陈薇薇觉得他以自我为中心，根本不体谅她的感受，平时没有空陪自己的老婆，那么最起码在形式上要补足吧，可以多说些关心的话语，有空两个人出门逛逛或者看场电影，可是薇薇的老公只会待在家里打游戏。其他什么浪漫、送礼物更不用说了。

薇薇生完孩子后，她的老公很少帮忙照顾孩子。晚上下班偶尔陪着孩子玩一会儿，每次晚上冲奶的时候，薇薇都得自己起床，因为他睡得像猪一样，根本叫不醒。孩子生病了，薇薇带孩子看病，还要操心吃喝，把自己累坏了。她生病的时候，老公也从来不搭把手帮忙。有时候，薇薇伤心地掉眼泪，她老公很纳闷，哭什么呢？可是薇薇却感觉自己像是嫁了一个假老公，想要离婚。

也许有人认为，薇薇的婚姻其实还不错，老公没有到外面胡作非为，下了班就回家。虽然做家务、照顾孩子的事情不帮忙，可男人大多不都是这样的吗？其实，这些都是误区。让我们来看看，为什么薇薇老公的表现会让她觉得这样的婚姻很无望。

首先薇薇说自己好像是老公眼中的隐形人，没有得到关注。我们和一个人结婚，不是为了有车有房，不是单纯为了延续后代，也不是为了改变命运……而是为了和一个自己喜欢的人在深度连接中，获得“你的眼中只有我”的不可替代感。

人是情感动物，人们的很多不满、生气甚至愤怒，其实都是缺少关注和陪伴所致。长期得不到正面的关注，就会去寻找负面的刺激。一些问题小孩，以及经常无理取闹的妻子，其实都是在无意识地寻求着父母或伴侣的关注。

薇薇要求自己的老公陪她，让他为自己做些事情，也是在渴望得到丈夫的关注。她想要的无非就是老公的眼里有她，能看见她的需求和感受，能根据她的需求和感受做出回应，给予她所需要的关注。

薇薇的困扰在我们看来具有广泛的代表性。现在有很多这样的婚姻，在外人看来幸福美满，在男人看来天下太平，但婚姻中的女人却觉得心如死灰，得不到滋养。那么这样的婚姻应该结束吗？

作为丈夫，薇薇的老公的确不是那种让人感觉温暖，能够带给妻子亲密感和关注的男人。换句话说，他们还有着强烈的大男子主义的倾向，所以在生活中会漠视别人需要安抚的情况。这样的男人还真是一抓一大把。

女性常常会把他们的表现解读为“不爱”。其实除了这种原因，背后的可能性还有很多。比如，有的是性格使然，有的因为共情能力比较差，还有的是认为没必要，觉得结婚就是过日子，平平淡淡最真。

丈夫们需要理解妻子想要更多关注的合理需求，找到自己行为背后的真正原因，并主动做出调整。薇薇对老公的态度其实也存在过度反应的倾向，调整好自己的心态才是改变婚姻状态要踏出的第一步。

抱怨自己得不到关注的人，常常也是等待别人来关注自己的被动者。你想要的东西，必先要付出。其实，我们可以先从自己做起，感恩伴侣对我们的每一点好，同时学习主动地关注对方。当他需要赞美的时候，我们不要吝惜自己的言辞；当他在痛苦中需要安慰的时候，我们也不要迟疑。用自己的行动去打破僵局，相信对方也会在这个过程中被影响并有所学习。

此外，薇薇需要提高自己的感受力。爱的语言有 5 种：身体的接触、关怀的时刻、服务的行动、接受的礼物和肯定的语言。每个人最需要的和擅长给出的，都会不同。

只有当我们放下指责和抱怨的时候，才会更容易看到一些被我们无意中忽略的事实。而自己得到安抚感是能够拥有幸福感的最重要的前提。这个世界不是缺少安抚，而是缺少感受安抚的能力。

当然，薇薇的老公也必须提高对家庭的责任感和参与度。因为，很多男人在原生家庭基本也是衣来伸手、饭来张口的“孩子”，所以当他自己组建家庭的时候，还停留在过去的角色中，没走出来。

有一些女性很聪明，在恋爱期间，就开始让自己的男朋友参与到家庭的事务中来，让他们学会承担家庭的责任，有家的意识。毋庸置疑，受传统观念的影响，很多中国男性都觉得家务事应该由女性负责，男主外女主内，他们觉得合情合理。顾家又忙工作的女性，一定要让男性树立起做家务的观念。这样的婚姻才会不断地改变和成长。爱情最好的关系就是相互滋养，美好的婚姻可以通过调整和经营来创造。

压力太大的时候给自己一点独处的时间，喝杯咖啡、看看书，放下萦绕心头的烦恼，与自己和解

2. 放下别人其实是放过自己

倪倪和她的男友分手了，可是分开一段时间后还是觉得自己很爱他。没有了他，倪倪感受到的幸福都不一样了。倪倪想要和前男友重新开始，可是她的前男友没有同意，他清楚地说不可能再继续了。倪倪心如刀割，知道自己也说不动他，于是打算到前男友的城市找他。前男友躲着她，不接她的电话，不理会她的邮件。他不胜其烦，觉得倪倪纠缠不清其实是在报复自己。倪倪坚持自己还爱着他，她觉得自己没有放下他，只是不曾想，自己现在的爱成了对方的负担。

我们在感情中好像也有类似的经历。这是真的放不下吗？倪倪对朋友说了这件事，朋友说："没有什么人或事是放不下的。"倪倪却说："可我偏偏就是放不下他，经常会想起他，想起我们曾经一起度过的快乐时光。”接下来朋友没有急着反驳，而是让倪倪拿着一个茶杯，然后往里面倒热水。当杯子里的热水满了之后，朋友还继续往里倒水，倪倪被溢出来的热水烫到了，马上松开了手。朋友说：“这个世界上没有什么人或事是放不下的。痛了，你自然就会放下。”

拿“放不下”当作借口，总想着失去的爱，这样是不妥当的。爱是流动的，不是单方面的一种痴缠。我们的爱不是一种负担，爱是轻盈而温暖的羽绒被，轻轻覆盖却让人舒适无比。如果继续停留在昨天，放不下对方也放不下失去的爱，每天在心中翻来覆去地想着我怎么能挽回他，我怎么能找回原来的爱，其实就是在反复地折磨自己。

这番思索于现实毫无益处，只会让自己一遍一遍地回忆痛苦，让自己一遍一遍地挣扎和纠结，永远无法走出失落的困境。放下别人，其实真正放过的是自己。倪倪这样的行为简直就是自我为难，和自己较劲。也许我们无法选择自己怎么想，但至少要知道，让我们受苦的是自己执着的想法，不是那个人和那些往事。

不愿意放下是一种执着，而执着会让人变得偏执、丑陋，暴露了人类的自私。因为曾经爱过，因为对方给了自己那么多的关爱，所以现在不想让对方离开，要让他和自己一生捆绑在一起，这难道真的就是所谓的爱？这样下去，原来多么美好的事情都会变得很不堪。

放下别人就是放过自己。冷静地分析一下，有过一段美好的情感经历，有过甜蜜和美好的时光，这不就是我们幸福的人生经历吗？在没有遇到对方的时候，倪倪还没有体会到爱情的甜美，有了男友的关爱和呵护，了解到生活的另一种样子，这就是她赚到的人生体验。有过爱，倪倪知道自己值得爱，明白深情款款、情有独钟到底是怎么回事；有过爱，倪倪知道自己的美好，相比单身的孤独，人生的层次更加丰富。

很多人觉得，我爱过别人，付出了自己的爱，那么对方就是我的一个受惠人，不能这么轻易、随便地离开自己。事实上，因为爱的对象的存在，你才在自己身上体验到了一种特别的感觉，有收获的是对方更是自己。我们对爱人的付出是为了自己的爱，而不是为了对方，所以我们不能以爱的名义占有爱人。

爱人消失了不等于爱消失了。我们要继续往前走，直到看到向往的风景，而以前就变成走过的地方。人生这么短，我们要去体验、经历的事情还很多。我们要慢慢学会释怀，多读书、多旅行，眼界开阔了才不会狭隘。了解了世界的辽阔、生命的不易，做人做事才不至于那么苛求，才会慢慢学会宽容。

3. 走出伤害，要感谢的是自己

有爱就有伤害。谈过恋爱的人或多或少都会在感情中受伤，几乎很少人在追寻爱情的路上没有受过伤害。爱情有多甜蜜就会有多痛苦。很多人会像前文中的倪倪一样在失败的感情中挣扎，但是更多的人选择勇敢面对，失去了爱情不代表失去了人生，我们要在低谷中磨砺，然后再次出发。

通常情况下，当一个人在恋爱中被分手，第一反应自然是认为在这段感情中自己做得不够好、做得不够多，自己身上有很多缺点，或者自己做错了什么，所以导致最后的分手。

我们自责，我们背负着很重的内疚感。可是，是不是对方认为我们不可爱，就不值得爱了？对方离开了我们，就是我们没有价值的体现吗？我们常常会将自我的价值建立在他人的评价上，这观念显示出自己没有自信，也表明自己没有思想。

当一对男女分手的时候，主动提出分手的那一方，可能是因为很多原因才提出分手，不一定是你的问题，更可能是他自己的问题。所以不要因为分手了，就认为是自己的错误、自己的缺点所造成的，我们要肯定自身价值。

每个人的个性不同，生活习惯也不同，我们可以检讨两个人相处的技巧，检讨两个人沟通的方式，找到问题解决的方法。但是，更要肯定自己对这份感情的投入和珍惜，如果在这份情感中，我们全心全意想过策略和办法来解决两个人出现的问题，那么这就是我们在这段感情中最值得肯定的价值。

当然，我们也要想想自己有没有可以改进的地方，但是这种检讨是在肯定自己之后做出的，而不是对自己丧失信心，选择放弃之后做出的。

人总会犯错，我们要学会宽容。如果在我们肯定自我价值之后，发现都是因为对方的错误造成了感情的失败，我们同样也会有很强的挫败感，甚至会痛彻心扉。一段纯美的爱情在遭遇背叛时，伤痛会来得更加凛冽。我们要宽恕对方，放下过往。如果一直在为过去的事情纠结，只会让自己更加痛苦。原谅和宽恕对方需要一段时间，更需要一个过程。

在这个过程中，该哭就哭、该闹就闹、该购物就购物，平常生气伤心的事都可以做一遍，这并不是堕落，而是发泄的途径。常言道，有些事情发泄了之后就没事了。人都有情绪，不必压抑，完全没有必要假装坚强。

在这个过程中，我们还可以找闺蜜和好朋友倾诉，最好不要找亲人。因为亲人会心疼、担心，而朋友往往能以客观、冷静的态度帮你看清问题。

重新开始是最重要的。无论我们前面遇到过多大的问题、困难，哪怕是跌倒了，也要再站起来。有些女性在走出伤害的过程中，情绪波动很大，甚至会因为接受不了痛苦而去低三下四地求复合。如果两个人有深厚的感情，只是一时冲动或者沟通上存在问题，那么复合的概率就很大。可是爱情如果消失了，还罔顾其他地去挽回，那么即使两个人和好也很难如初。

请记住，不要因为一棵树而失去了整个森林。不要因为一次的感情伤痛，就再也不谈感情了，当心情和情绪逐渐恢复平稳以后，我们就需要重新开始。开始出发才会遇见更好的自己，遇见和自己更合拍的人，遇见更美丽的风景。

这样适时的鼓励，对自我的重新出发很有意义。无论如何，我们要相信自己能走出感情的困境，因为我们有一颗不放弃的心。我们不放弃追求爱情的美好，也不放弃自我努力和自我成就。

4. 付出爱，满足爱

林贝选择的结婚对象并不是她很喜欢的人，不过大家都结婚了，她也很着急，于是在合适的时候，林贝就把自己嫁了。林贝的老公为人憨厚老实，工作也还不错，可是她就是不太喜欢。

林贝性格敏感，喜欢看文学书籍，在各种爱情小说的熏陶下长大，所以她的内心有着浓厚的浪漫情结。可是她的老公在人文素养这方面很欠缺，只会赚钱，完全不懂得什么生活情调。林贝心里其实看不起自己的老公，要不是因为孩子估计早就离婚了。

因为林贝冷淡的态度，她的老公对她自然也不满意。林贝倒是不在乎，全身心都扑在孩子身上，将自己的爱给了孩子。不过对于婚姻她也不是一点儿都不在意，她也明白自己的心态有问题，对于未来总觉得焦虑和害怕。

其实，为了结婚而结婚的人通常都是这样的心态。如果我们对婚姻存在不恰当的幻想，以为结婚能解决自己的很多问题，最后我们就会发现，这种想法是极其错误的。

因为你想要获得的一切，或许也是对方想要从你身上获得的。任何没有准备付出却想着要有收获的人，最终都会发现自己什么也没有得到。林贝肯定会对自己的婚姻失望，但是这都是她自己不负责任的选择的后果。

既然选择了这段婚姻，我们就要想办法经营好这份感情。林贝在不自觉中也让自己的老公成了这段婚姻的牺牲品和受害者，所以，两个人在婚姻里都很痛苦。虽然两个人有了家，有了孩子，有了大家羡慕的一切，可是林贝的生活还是充满了焦虑和担心。

林贝一直陷在自己对爱情不切实际的幻想里，不愿意面对真实的生活，还幻想着有一天真正的爱人会出现。可是，她从不反思是谁让婚姻变成这死水一般的无趣——林贝觉得对方不浪漫，可是面对着一个冷淡的妻子，谁又能让自己的婚姻浪漫起来呢？

要浪漫的生活，首先自己就要在生活中充满情趣和情调。要得到爱就要付出爱，因为所有外在的事物都起源于自己的内在，这是世界运行的一个定律。如果一个人习惯发脾气，那么可能就常常会遇到令自己发飙的事情。如果一个人小气，那么他会经常遇到小气鬼，而如果一个人富有爱心，那么他也会得到人间的大爱。

总之，你要拥有就要付出，付出了爱才能得到爱。世界上的人都想着如何得到自己想要的东西，但是最重要的还是你得先付出，然后才有机会收获你所渴望的。在亲密关系中，有些人是因爱而结合的，可是不久之后感情也会走入困境，这是为什么呢？因为一段关系中的双方都想得到爱，同时又不想付出自己的爱。很多婚姻的失败其实也是源于他们不知道这个原因，或者他们了解这个原因却不愿意改变。

爱是付出，而不能只要求给予。付出爱的过程中，要有宽阔的胸怀，无论是否收到爱，自己都要快快乐乐的。付出爱就要满足爱，不能斤斤计较。能够付出就意味着我们比对方丰富，丰富的人自然会收到更多的祝福。

林贝将自己的感情放在孩子身上，只是一种暂时的移情，可以慰藉自己。可是要让自己内心真正地快乐起来，必须正视自己的问题，不再执着于自己的幻想，而是选择面对真实的生活。林贝要觉察并有意识地提醒自己：“我已经是一个成年人了，要对自己的选择负责，可以调整自己的心情，积极创造生活中的情调和趣味，付出爱、创造爱，也满足爱。”

像这样的自我对话要时不时地重复，把它变成一个强大的心理暗示，不断刺激自己，让自己不再沉迷于过去的梦想和生活，学着改变自己、改变自己的生活。林贝必须丢掉那些没有价值的虚幻梦想，收集现在生活点滴的美好，比如，对方某一次早起做的早点，对方在你病痛期间的关爱，对方临出门前的叮咛……这些都是生活中的情趣和美好。

过去已成事实，关键是我们怎么看待并塑造自己的明天。尊重自己的选择，并且付出关爱，爱就能成就另一种爱。

聪明的女人要懂得适时给自己放个假，在说走就走的旅行中，找回被柴米油盐磨损的鲜活

5. 放下眼前的苟且，去远方看看

真实的生活总是很累人的，真实的爱来得也并不容易。我们对于眼前的执着可能只会造成某种局限，触目所及都是时不我与、危机重重的现状。有时候，我们的自我价值感或许会严重地“崩盘”，生命也会变得沉重。

这个时候更不能慌乱，我们需要静下心来，好好观察自己，内心的光照才可以让自己生出力量和能量。要知道，无论我们遇到什么事、遇见什么人，都是一种历练。爱是我们的天性，也是一种能力，需要我们在自我观照的过程中学习并且体会。

仅仅了解爱，在生活中却没有将它传递下去，爱的能力就会受限，我们对于人生也会产生迷茫和惶然。我们的生活一直处在动态的变化之中，我们的爱也需要在生命的体验中不停地创造、修正，然后再创造。

如果你曾经在爱中迷茫和受伤，如果你曾经因爱而苦痛，如果你曾经因爱而胆怯，那么更要恭喜你。因为你的艰难处境，会让你对爱的体悟更加深刻，而你更有动力和对自己的觉察，促使自己发生改变。

我们可以随着事物的变化，有意识地改变自己。大家或许会认为，要让自己从困境中逃离，让自己的生活重新生动起来很困难，其实，只要你充分运用自己的想象力、坚定信念，就能在心中创造自己的世界。

如果你不喜欢自己，不喜欢自己曾经的情感生活，又没有那种创造力，该怎么办呢？我们可以将这一切暂且放下，换一种心境，看看周围的生活和世界。只要我们愿意接受自己，肯定自己的价值，相信自己的能力，就能够接收到来自世界的祝福和爱。

有了祝福和爱，接受生命的无常，所有的可能都会发生。人生的际遇都是不可思议的历程，每个人都是上帝的宠儿，只要你有心转变，那么生命就会借由你的转变而改变。当然，如果你还坚持着以前的想法，那么自然就会重复过之前的日子。

我们大多数人都是胆小鬼。我们害怕孤单，忍受不了寂寞，害怕没人爱，忍受不了爱的失去。可是，很多人依然不去改变，这是什么原因呢？从心理学上来说，很多人认为改变可能会失去原有的一些东西，虽然我们也明白自己目前拥有的也许只是一些毫无价值的东西，可是我们还是喜欢那些没用的东西，并以此滋养自己。

人最难面对的不是失恋，而是自己。我们有时候太过于在乎内心的感受，就会扰乱自己对生命的体悟。放下眼前的一切，去远方看一看，学会一个人相处，学会在一个人的生活里把自己照顾妥帖、周到，最终也会学会如何爱别人。

我们独自一人来到这个世界，然后一个人离开。这个单独的本质不意味着孤独，它代表的是一种宁静、平和、和谐和自由。我们陷在爱的困局中无法走出来的时候，其实就是失去了自我的本质。

在困局中的焦灼、慌乱、迷茫和局限，与单独所代表的宁静、平和、和谐和自由都是相对的。当我们一个人也能很愉悦的时候，就可以发现和体会到自我意识的广阔和丰富。远方其实并不远，当你我心平气和的时候它就已经出现了。

当自我平静、舒心的时候，我们会与宇宙有强大的连接，产生无法言说的狂喜和卓越感。当我们能与自己和谐相处的时候，才真正可以和他人建立连接——我们的内心不再依赖对方，也不再担心对方是否喜欢自己，不再害怕两性的亲密关系是否和谐。

当我们完全把这些放下，最终会发现，原来越是不在乎越是能处理好这诸多的关系。原来复杂无比的亲密关系，也能在放下中变得简单。

放下不意味着失去，而是以一种更轻松的姿态、更从容的心态去面对。

爱，难以言说，却在轻松放下之后变得意味深刻；爱，难以忘怀，却在从容放下之后变得回味无穷。愿每一个人，学会爱自己的同时，都能以轻松的姿态获得爱。